碳达峰·碳中和

国家战略行动路线图

袁志刚 著

中国经济出版社
CHINA ECONOMIC PUBLISHING HOUSE
北 京

图书在版编目（CIP）数据

碳达峰·碳中和：国家战略行动路线图 / 袁志刚著
. —北京：中国经济出版社，2021.7（2021.11重印）
ISBN 978-7-5136-6552-0

Ⅰ. ①碳… Ⅱ. ①袁… Ⅲ. ①中国经济—低碳经济—
研究 Ⅳ. ① F124.5

中国版本图书馆 CIP 数据核字（2021）第 145952 号

责任编辑 张梦初 陈宇慧
责任印制 巢新强
封面设计 卓义云天

出版发行 中国经济出版社
印 刷 者 北京富泰印刷有限责任公司
经 销 者 各地新华书店
开　　本 710mm × 1000mm 1/16
印　　张 18
字　　数 280 千字
版　　次 2021 年 7 月第 1 版
印　　次 2021 年11月第 5 次
定　　价 65.00 元
广告经营许可证 京西工商广字第 8179 号

中国经济出版社 **网址** www.economyph.com **社址** 北京市东城区安定门外大街58号 **邮编** 100011
本版图书如存在印装质量问题，请与本社销售中心联系调换（联系电话：010-57512564）

前 言

从20世纪80年代开始，随着全球气温不断升高，气候问题引起了广泛关注。关于全球升温的原因众说纷纭，经过全世界科学家的多番研究与论证，目前，“二氧化碳等温室气体增加导致气温上升”这一说法获得了广泛认同。研究发现，工业革命之前，大气中二氧化碳的浓度大约为280ppm，现在大气中二氧化碳的浓度已经超过4000ppm[①]，地表温度较工业革命之前升高了1.02℃。

从理论上来讲，应对全球升温的主要方法就是减少二氧化碳排放。为此，世界各国多次组织召开气候会议，商定碳减排的目标与细则，于1997年签署《京都议定书》，确定了“将大气中的温室气体含量稳定在一个适当的水平，进而防止剧烈的气候改变对人类造成伤害”的目标。但根据相关机构预测，即便《京都议定书》的内容被完全执行，到2050年也只能将全球升温减少0.02℃～0.28℃，根本无法控制全球升温趋势。

2015年12月12日，巴黎气候变化大会通过《巴黎协定》，确定了“将全球平均气温较前工业化时期上升幅度控制在2℃以内，并努力将温度上升幅度限制在1.5℃以内”的目标，为2020年后全球应对气候变

① 数据来源：美国国家海洋和大气管理局莫纳罗亚气象台的传感器监测数据。

化的行动作出了明确安排。与《京东议定书》的最大不同在于，《巴黎协定》明确了世界各国共同追求的“硬指标”。

《巴黎协定》签订以来，全球承诺在21世纪中叶左右实现净零排放的国家越来越多，法国、英国、日本、韩国、加拿大、南非、阿根廷、墨西哥等国均承诺到2050年实现净零温室气体排放。在2020年召开的第75届联合国大会上，习近平主席提出了“2030年实现碳达峰、2060年实现碳中和”的目标，这既是中国对世界各国的庄严承诺，彰显了中国始终坚持以世界眼光、全球视野构建人类命运共同体的大国担当，也是我国在“十四五”期间坚定不移贯彻新发展理念、构建新发展格局、实现高质量发展的必由之路。

在碳中和背景下，全球将掀起新一轮产业革命与能源革命，我国要紧抓机遇，实现“到2030年，中国单位国内生产总值二氧化碳排放比2005年下降65%以上，非化石能源占一次能源消费比重达到25%左右，森林蓄积量比2005年增加60亿立方米，风电、太阳能发电总装机容量达到12亿千瓦以上”的目标，让经济发展实现深度脱碳，推动产业结构转型升级，大力发展清洁能源与低碳、零碳、负碳技术，在全球气候治理中贡献“中国智慧”，提高我国在国际社会上的话语权与影响力，塑造良好的国际形象。

《碳达峰 · 碳中和：国家战略行动路线图》立足于全球低碳化转型的背景，借鉴世界发达国家推进碳中和的举措与经验，全面阐述我国绿色低碳、节能减排的发展理念、战略规划与政策实践，以低碳、零碳、负碳技术的研发应用为着力点，分别从“双碳”战略、科技赋能、清洁能源、低碳工业、绿色交通、节能建筑、新型农业等七个维度，深度剖析我国各重点行业碳达峰、碳中和的战略路线与行动路径，试图展现

21世纪中叶的“绿色中国”新蓝图。

本书共包括七部分内容：

第一部分：“双碳”战略篇。在全球致力于实现碳达峰、碳中和的时代背景下，我国作为碳排放大国，提出“2030年实现碳达峰，2060年实现碳中和”的目标，为我国转变经济发展方式，走低碳、绿色发展道路定下了基调。在“双碳”战略背景下，我国将主动学习、借鉴德国、英国、美国、日本等发达国家的方法与经验，全面推动能源结构、产业结构与消费结构改革，完善碳中和顶层设计，为全球实现碳中和做出突出贡献。

第二部分：科技赋能篇。实践证明，仅通过减少化石能源使用、扩大森林覆盖面积很难实现碳中和，必须鼓励科技创新，大力发展碳捕集、利用与封存（CCUS）技术，生物能结合碳捕获与封存技术（BECCS），零碳电力技术，“蓝氢”技术，“绿氢”技术等，充分发挥低碳、负碳、零碳技术在实现碳中和方面的作用。

第三部分：清洁能源篇。在碳中和背景下，全球必然掀起新一轮能源革命，我国要顺应这一趋势，改变“以化石能源为主、清洁能源为辅”的能源结构，降低化石能源在我国能源结构中的占比，大力发展风能、氢能、核能、太阳能、地热能、海洋能、生物质能等清洁能源，打造多元、有韧性的低碳能源供给体系，并借助“一带一路”倡议推进国际能源合作，构建全球能源互联网，让全人类共享清洁能源发展成果。

第四部分：低碳工业篇。工业化是导致二氧化碳等温室气体排放增加的主要原因，工业也是能耗最大的产业。因此，在碳中和背景下，我国必须转变工业发展模式，借助区块链、人工智能、大数据、5G、工业互联网等新一代信息技术，推动煤炭、钢铁、石化、建材等工业领域碳减排的重点行业走低碳化发展道路，探索一种低能耗、低污染、低排放的可持续发展模式，让工业增长与碳排放实现深度脱钩。

第五部分：绿色交通篇。交通运输行业是全球三大温室气体排放源之一，碳排放结构复杂，碳减排难度极大。在“双碳”背景下，我国制定了交通行业实现碳中和的短期、中期和长期目标，并规划设计了道路交通净零排放的实现路径，未来几年将大力发展绿色交通，提高新能源汽车的占比，使用清洁的电能、生物质燃料取代柴油、汽油，并加快建设智能网联汽车标准体系，推动智能网联汽车产业快速发展。

第六部分：节能建筑篇。很多人对建筑行业的碳排放没有深刻认知，但其实，建筑整个生命周期都会产生二氧化碳，其能耗占比为30%~40%，碳排放占比超过了30%。如果不加以控制，到2050年其碳排放占比可能超过50%。建筑行业碳减排的主要路径就是发展绿色建筑、节能建筑、智慧建筑，从建筑建造、运行、拆除阶段着手，采取各种措施减少二氧化碳排放，同时借助节能设备与系统、区域供冷系统、新能源技术实现碳中和。

第七部分：新型农业篇。在“双碳”背景下，我国农业也要走绿色发展道路，鼓励技术创新，构建绿色生态农业发展体系，持续推进供给侧结构性改革，拓展农业发展模式，减少农业生产对周围环境的破坏，建立健全农业信息服务体系，提高农业发展质量与效益，同时利用互联网、大数据等技术发展数字农业，畅通农产品流通渠道，缩短从田间地头到家庭餐桌的流通路径，减少农产品生产、流通过程中的能耗，最终减少碳排放。

目　录

第一部分　“双碳”战略篇

第二部分　科技赋能篇

第三部分　清洁能源篇

第七部分　新型农业篇

第一部分

“双碳”战略篇

第1章

零碳图景：2030碳达峰·2060碳中和

01 “双碳”战略：开启未来低碳社会

目前，应对气候变化已经成为人类发展面临的最大挑战，采取积极措施应对气候变化已成为全人类的共识。在此形势下，越来越多的国家和地区加入碳减排阵营，相继发布碳中和目标，积极调整气候政策，并催生了新一轮能源技术与产业革命。

作为世界上碳排放量最大的国家（我国的碳排放量在全球碳排放总量中占比28.8%），我国的碳减排对全球碳减排、碳中和有着直接影响。因此，我国在社会主义现代化建设过程中必须采取有效措施，推动工业、农业等产业转变发展模式，探索一条低碳、绿色的城镇化道路，为全球碳减排做出应有的贡献。

在2020年9月召开的第75届联合国大会上，习近平主席宣布：“中国将提高国家自主贡献力度，采取更加有力的政策和措施，二氧化碳排放力争于2030年前达到峰值，努力争取2060年前实现碳中和。”这是中国首次面向世界提出碳达峰、碳中和目标，一方面彰显了我国的大国担当，另一方面也对我国参与全球气候治理、引领未来的可持续发展产生了积极影响。无论对于世界，还是对于中国，到2060年实现碳中和都具有重大的战略意义。

◆碳达峰、碳中和：迈向未来低碳社会

进入工业化时代之后，随着工业生产、人类生活排放的温室气体越来越多，大气中温室气体的浓度越来越高，引发了一系列气候问题，全球变暖最为典型。《联合国气候变化框架公约》明确了六种需要控制的温室气体，分别是二氧化碳（CO_2）、甲烷（CH_4）、氧化亚氮（N_2O）、氢氟碳化物（HFCs）、全氟化碳（CF_4）和六氟化硫（SF_6）。

在这些温室气体中，二氧化碳的占比最大，大约为60%。二氧化碳的来源非常广泛，汽车尾气排放就是其中之一。据研究，在交通行业的温室气体排放中，二氧化碳占比达到了99%。因此，"碳排放"指的就是二氧化碳排放，也是温室气体排放的总称与简称。

"碳达峰"指的是一个组织的二氧化碳排放量进入平台期的过程。平台期指的是二氧化碳排放量稳定在某个水平，年均增速接近于零，不会发生明显波动。"碳中和"指的是一个组织利用二氧化碳吸收技术抵消一年内二氧化碳的排放量，简单来说就是让二氧化碳排放量与二氧化碳吸收量实现对等。

国际能源署（International Energy Agency，IEA）表示，目前，全球每年的二氧化碳排放量大约为330亿吨，全球森林每年能够吸收的二氧化碳为15亿~20亿吨，两者之间存在巨大差距。也就是说，仅凭借森林吸收根本无法实现碳中和。实现碳中和的关键还是少排放，甚至零排

放，在此基础上植树造林，抵消因为特殊原因产生的二氧化碳排放，或者利用先进技术将额外排放的二氧化碳吸收处理。

◆国家战略：推动碳达峰、碳中和实现进程

自碳达峰、碳中和目标提出之后，政府相继出台了很多支持政策，“新能源”“绿色技术创新”“绿色金融”“碳排放权交易”等概念引起了广泛关注。

在政府层面，从2020年9月开始，党中央通过党的十九届五中全会、中央财经委员会第九次会议等一系列会议对碳达峰、碳中和工作进行了部署，密集出台了一系列政策，明确了实现碳达峰与碳中和的基本思路，细致规划了各项举措，从理论与政策两个方面为碳达峰、碳中和的实现提供了强有力的支持。

政府将碳达峰、碳中和作为重大战略决策列入2021年八大重点任务，纳入生态文明建设整体布局，并在“十四五”规划和“2035远景目标”中明确提出，推动绿色低碳发展，推动社会经济发展方式发生深刻变革，向着绿色低碳的方向转型发展。

2021年5月26日，碳达峰、碳中和工作领导小组第一次全体会议在北京召开。这是碳达峰、碳中和工作领导小组的首次亮相，标志着中国“双碳”战略又迈出重要一步，光伏、风电等新能源必将得到强有利的政策支持和推动。

碳达峰、碳中和战略发布后，得到了国家发改委、生态环境部、交通运输部、工业和信息化部等各部委的积极响应，并形成了初步的碳中和执行计划。2020年10月21日，生态环境部、国家发展改革委、中国人民银行、银保监会、证监会联合发布《关于促进应对气候变化

投融资的指导意见》，积极促进围绕碳中和开展的投融资协作。

根据国家发改委的指示，未来我国的碳中和将从以下六个方面着手推进：调整能源结构、加快推动产业结构转型、提升能源利用效率、加速低碳技术研发推广、健全低碳发展体制机制、增加生态碳汇。

在各部委的引导下，各地方政府也制定了碳减排目标与行动计划。例如，上海市计划在2025年实现碳达峰，比全国实现碳达峰的时间提前了五年；广东、江苏制定了2025年之前各行业的减排目标。对我国各省份发布的碳达峰、碳中和的相关计划进行梳理，如表1–1所示。

表1–1 我国主要省份“双碳”政策或行动计划

省份	“双碳”政策或行动计划
北京市	“十四五”时期碳排放稳中有降，开始向碳中和迈进。2021年加强细颗粒物、臭氧、温室气体协同控制，做好碳排放强度与碳排放总量的控制，明确碳中和实现路径与时间表，推进能源结构调整，促使交通、建筑等行业节能，加强土地资源环境管理，新增绿化面积15万亩
上海市	制定碳达峰行动计划，计划到2025年实现碳达峰。为了实现这一目标，上海将着力推动钢铁、化工、电力等重点行业与用能单位降低能耗，实现节能减排。按计划，上海将继续推行重点企业煤炭消费总量控制制度，到2025年将煤炭消费总量控制在4300万吨左右，煤炭消费在一次性能源消费中的占比降至30%左右，天然气消费在一次性能源消费中的占比提升至15%左右，本地可再生能源在全社会用电量中的占比提升至8%左右
广东省	将积极发展清洁能源，建设清洁低碳、安全高效、智能创新的现代化能源体系，计划到2025年让新能源发电装机规模达10250万千瓦，倡导简约舒适、绿色低碳的生活方式，制定碳达峰行动方案，率先实现碳达峰
四川省	2020年6月30日，四川省甘孜州、阿坝州、凉山州与攀枝花市召开光伏基地规划评审会，预计在“十四五”期间光伏基地总装机量将达到20吉瓦
山西省	将碳达峰作为深化能源革命的重要指引，推动煤矿绿色智能开采，利用5G、先进控制技术助力智能煤矿建设，建设智能化采掘工作面1000个，建设绿色开采煤矿40座，推动6座煤矿加快先进产能建设，将全省煤炭先进产能占比提升到75%，推进非常规天然气增储上产，力争让非常规天然气产量达到120亿立方米，同时深化电力市场化改革，完善电网主网架构，加大煤电机组灵活性改造，扩大电力外送规模，引导发电企业降本增效。另外要积极发展风电、光伏平价项目，推进地热能、生物质能开发应用

续表

省份	“双碳”政策或行动计划
河北省	到2025年，河北省风电、光伏发电的装机容量要分别达到2600万千瓦、2000万千瓦
山东省	到2030年，新能源与可再生能源发电装机容量要达到8155万千瓦，其中风电装机容量2300万千瓦，太阳能发电2500万千瓦，生物质发电500万千瓦，水电790万千瓦，核电2065万千瓦，发电装机容量在省内电力装机容量的占比超过40%，年实现发电量2300亿千瓦时
宁夏回族自治区	到2025年，可再生能源装机规模超过4000万千瓦，在电力装机中的占比超过50%，可再生能源在新增电力装机中的占比超过80%，在新增发电量中的占比超过50%
江苏省	到2025年，江苏省可再生能源装机容量力争超过5500万千瓦，省内可再生能源装机在总装机中的占比超过30%，其中风电装机达到2600万千瓦，光伏发电装机达到2600万千瓦

02 气候治理：拯救“发烧”的地球

工业化带领人类进入化石能源时代，随着工业化进程不断推进，化石能源大规模使用，造成了二氧化碳过度排放，全球升温、气候变暖，引发了严重的气候危机。根据牛津大学发布的数据，从1950年到1990年，随着全球工业化进程不断推进，碳排放量从50亿吨增长到了210亿吨。

针对全球气候变暖，世界气象组织（World Meteorological Organization，WMO）在《2019年全球气候状况声明》中指出：随着温室气体持续排放，未来五年全球气温极有可能打破现有的高温纪录，创造一项新纪录。世界气象组织研究发现，从20世纪80年代开始，每个连续10年都比前一个10年更热。2015—2019年，全球平均气温比工业化前期的平均气温升高了1.1℃。如果不控制温室气体排放，任由气温升高，人类可能面临前所未有的灾难。

◆温室效应：正在“发烧”的地球

随着温室效应不断加剧，全球气温不断升高，将给人类社会的发展带来极其恶劣的影响。《中国气候变化蓝皮书（2019）》显示，海洋温度升高将导致珊瑚礁、贻贝海床、藻类栖息地等受到严重破坏，导致海洋环境发生巨大改变。另外，全球升温会导致冰川融化、海平面上升。《气候变化中的海洋和冰冻圈特别报告》显示，自20世纪以来，全球海平面上升了15厘米。近几年，海平面上升速度已经达到了历史最高值——3.6毫米/年。如果不加以控制，到21世纪末，海平面有可能上升60～110厘米。

随着气候变暖，全球维持了亿万年的热量平衡被打破，导致极端天气频发，旱灾、水灾在全球肆虐，引发了大范围的粮食危机。《2019年全球气候状况声明》显示，2019年，全球气候难民[①]总人数接近2200万。

根据世界卫生组织发布的数据，气温升高导致登革热病毒广泛传播，登革热发病率急速攀升，使全球近一半人口的生命安全受到威胁。另外，美国媒体一项研究指出，全球升温给人类健康造成了严重不良影响。第一，过敏加重。随着气温升高，花期提前，花粉生成量增加，导致春季过敏加重。第二，物种体形逐渐变小。随着全球升温，生物的体形逐渐变小，这一点可以从苏格兰羊身上发现端倪。第三，肾结石的发病率增加。随着气温越来越高，脱水现象越来越严重，导致肾结石的发

① 气候难民是指由于气候异常变化，被迫离开本国国土而进行跨国迁移的难民群体。

病率越来越高。第四，气温升高导致蚊子、浮游生物大量繁殖，使得疟疾、脑炎等疾病的发病率攀升。

◆零碳愿景：构建人类命运共同体

为了整合全球之力共同应对气候危机，1992年5月，联合国大会正式通过《联合国气候变化框架公约》，提出将大气中温室气体的浓度维持在一个稳定水平，降低人类活动对气候系统的干扰的倡议。

1997年，各国签署了《京都议定书》，要求发达国家从2005年开始减少碳排放，要求从2008年到2012年，主要工业发达国家温室气体的排放量要比1990年减少5.2%，发展中国家从2012年开始承担碳减排义务。为了对各国的碳减排行动做出一定的约束，《京都议定书》提出了三项合作机制，分别是国际排放贸易机制、联合履行机制和清洁发展机制，允许发达国家通过碳汇交易完成碳减排目标。从1992年到2015年，《联合国气候变化框架公约》取得的重要成果如图1-1所示。

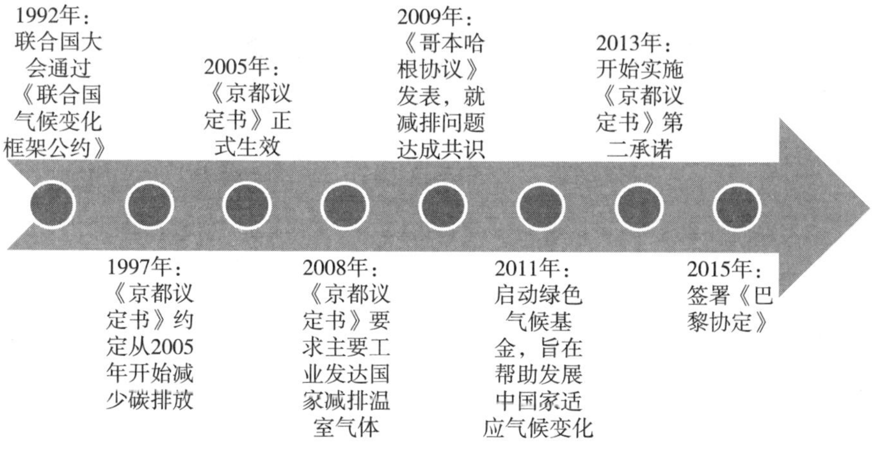

图1-1 《联合国气候变化框架公约》取得的重要成果

2015年12月，巴黎气候变化大会正式通过《巴黎协定》，明确了2020年之后全球应对气候变化的行动与方案，确定了“将全球平均气温较前工业化时期的上升幅度控制在2℃以内，努力限制在1.5℃以内，在本世纪后半叶实现净零排放”的长期目标。之后，越来越多的政府将《巴黎协定》的目标转化为国家战略，提出净零排放的愿景。总而言之，目前，世界各国都在积极响应联合国的号召减少温室气体排放，控制全球升温。

世界气象组织发布的《未来五年全球气温预测评估》称，未来五年，全球一个或者多个月份的平均温度高于工业化前平均温度1.5℃的概率大约为70%，全球平均气温超过工业化前平均气温1.5℃的概率大约为20%。虽然世界各国都在努力减少二氧化碳排放，但全球气温仍在上升。面对这一问题，世界各国要将碳减排视为共同使命，作为世界第二大经济体，中国要彰显大国担当，为全球气候治理做出应有的贡献。

03 “十四五”描绘“双碳”新蓝图

“十四五”时期我国进入社会主义现代化建设的新时期，在这个时期，我国要贯彻新的发展理念，创建新的发展格局，坚定不移地推动经济实现高质量发展。“2030年实现碳达峰，2060年实现碳中和”目标的提出，为我国转变经济发展模式，大力发展绿色低碳经济指明了方向，为全球应对气候变化贡献了中国力量。

2020年，受突然暴发的新冠肺炎疫情的影响，我国成为全球唯一实现经济正增长的国家。在后疫情时代，让经济实现“绿色复苏”成为全球共识，在这个过程中，我国要承担大国责任，发挥引领作用。习近平主席在联合国大会上提出的碳达峰、碳中和目标向其他各国释放出明确的信号，即中国要为应对气候问题、推动经济“绿色复苏”贡献中国力量。虽然我国一直强调走绿色发展、低碳发展的道路，但始终没能予以高度重视；碳达峰、碳中和目标的提出将我国绿色发展战略提升到一个新高度，明确了我国未来数十年的发展基调。

在“双碳”目标下，我国要建立绿色、低碳、可以实现循环发展的经济体系，建立清洁、低碳、高效、安全的现代化能源生产与消费体系，探索可持续、具有较强包容性与韧性的经济增长模式。总而言之，从经济基础、思想认知、技术保障等方面看，我国完全可以在2030年之前实现碳达峰。“十四五”期间，我国经济发展的主要任务就是转变经济发展方式，大力发展绿色经济、低碳经济，将单位GDP能耗降低13.5%，碳排放降低18%，尽快实现碳达峰，为实现碳中和奠定良好的基础。

◆科学制定碳达峰、碳中和行动路线图

碳达峰、碳中和的实现无法一蹴而就，这是一项涵盖范围广，涉及能源、工业、交通、建筑、生产、消费、基础设施建设等众多领域，需要秉持系统性思维，做好全局统筹、长期布局的工作。因此，我国要将碳达峰、碳中和纳入生态文明建设，制定科学的行动方案，积极转变生活方式与生产方式，形成节约资源、保护环境的产业结构，探索一条生态优先、绿色低碳的高质量发展道路。

为了如期完成碳达峰目标，我国政府正在加紧制定行动方案，为中国经济的低碳转型、绿色发展明确方向，也为2060年碳中和目标的实现创造良好的条件。碳达峰、碳中和行动路线的制定需要“自上而下”

的政策引导，也需要“自下而上”的实践探索。在这个过程中，各地方政府、碳减排的重点行业要制定明确的碳达峰时间表。目前，我国已经有部分省份与行业发布了实现碳达峰、碳中和的时间表与路线图，其中一些省份明确表示要在2030年之前实现碳达峰，比国家规定的实现碳达峰时间还要提前。

从总体看，中国实现碳中和要分三个阶段，第一个阶段的主要任务是控制碳强度，第二个阶段的主要任务是控制碳总量，第三个阶段的主要任务是实现碳中和。我国力争在2030年前实现碳达峰，在2060年前实现碳中和。在政策引导下，我国碳排放增长速度开始放缓，但依然面临着两个比较严峻的问题，即单位GDP能源强度和碳排放强度下降困难，煤炭消费经常反弹。

对于我国来说，实现碳达峰、碳中和是一项巨大的考验，在减少碳排放、实现净零排放的同时，还要保证经济实现高质量发展，避免因为节能减排影响经济增长。我国各地区因为技术水平、经济发展水平、资源禀赋等存在较大差异，需要根据当地的实际情况制定有针对性的行动方案，同时东西部要围绕资源开展深度合作，实现协同发展。

◆为碳达峰、碳中和创造制度、市场和政策环境

进入“十四五”时期之后，我国想要转变发展模式，实现绿色低碳发展，必须从制度层面着手，让生态文明建设的各项制度形成合力，完善统筹协调机制。在这个过程中，政府层面要做好顶层设计，发布相关战略，实现上下联动，完善治理体系，开发更多系统工具，从制度、政策、市场环境等方面为经济社会绿色低碳发展创造良好的条件。

碳达峰、碳中和目标的实现需要各部门、各行业的共同努力，不

仅要依靠减少化石能源消耗、利用可再生能源替代化石能源，还要依靠技术创新与市场激励，尤其要依靠技术领域的突破式创新。某些领域利用常规减排技术无法实现深度减排，相关技术不成熟，成本较高，在这种情况下就要通过碳定价机制推进技术研发与创新，实现产业化。在碳交易市场价格机制的作用下，企业可以通过碳交易降低减排成本，甚至还能获取收益，从而在技术研发领域积极布局。当然，碳达峰、碳中和目标的完成不能仅依赖碳市场，还需要多种市场机制共同发挥作用。

04 战略路径：从碳达峰走向碳中和

面对越发严峻的气候问题，人类经过反复协商与探讨达成了一个基本共识，就是实现碳达峰与碳中和。从某种意义上看，碳达峰与碳中和是一项关乎人类社会长久发展的战略问题，在一定程度上体现了人们对能源科技发展的信心。因为碳中和目标无法只通过节能减排实现，还需要以能源科技革命为依托。

2060年之前，我国的碳减排虽然面临着机遇与挑战并存的局面，但总体来看是机遇多于挑战。为了在既定时间内完成碳达峰、碳中和目标，我国要在第四次绿色工业革命中占据主导地位，在与气候变化有关的国际合作中扮演好领军者、创新者的角色，为应对气候变化做出突出贡献。

为了在2060年实现碳中和，我国统筹规划，以“十四五”时期为起点，引导投资转向零碳和负碳领域，以五年为周期制定二氧化碳减排目标，并辅之以减排政策。从整体来看，中国想要实现碳中和，大致要经历三个阶段，如图1–2所示。

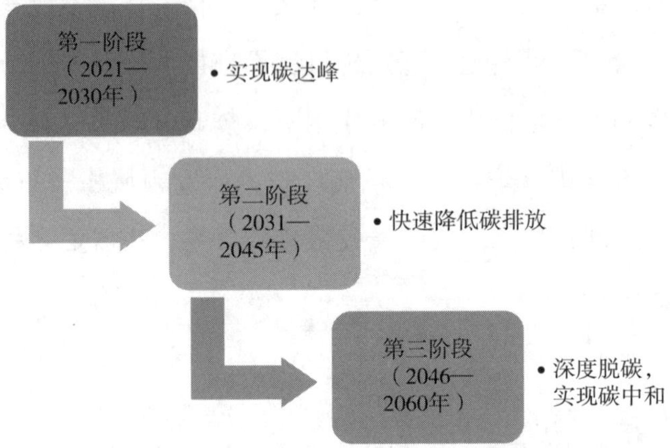

图 1–2　中国实现碳中和的三个阶段

◆第一阶段（2021—2030年）：目标是实现碳达峰

在我国的能源结构中，煤炭占据主体地位的情况不会在短时间内发生改变。随着人们生产生活对电力的需求不断增长、工业化进程持续加快，电力行业和工业产业对煤炭资源的消耗以及碳排放将保持增长之势。另外，在交通领域，我国人均汽车保有量较低，截至2021年3月，全国汽车保有量为2.87亿辆，其中私家车保有量为2.29亿辆，结合第七次人口普查的数据经过换算可知，目前我国人均汽车保有量仅为0.16辆。[①]未来，随着汽车保有量不断增加，交通行业对能源的需求将大幅增长，由此产生的碳排放也将不断增加。为了在2030年实现碳达峰，这一阶段的主要任务就是提高能源利用效率，在工业产业、电力行业用

① 数据来源：公安部交通管理局发布的最新统计数据。

可再生能源代替传统的煤炭资源，用新能源汽车取代传统的燃油汽车，引导消费者低碳生活，减少二氧化碳排放。

◆第二阶段（2031—2045年）：目标是快速降低碳排放

碳达峰目标实现之后，我国要在2060年之前实现碳中和。因此，在碳达峰目标实现之后的15年，我国必须快速降低碳排放。实现这一目标有两大基础：首先，随着可再生能源成本与储能成本不断下降，“可再生能源+储能系统”有望替代化石能源，大幅减少化石能源的使用；其次，随着电动汽车的成本不断下降、交通行业的基础设施不断完善，电动汽车将逐渐替代传统燃油汽车。因此，在这个阶段，我国的主要任务就是扩大可再生能源的利用规模，大幅提高新能源汽车在市场中的占比，有效替代传统燃油汽车，让交通部门全面实现电力化，同时加大CCUS（Carbon Capture，Utilization and Storage，碳捕集、利用与封存）、BECCS（Bio-Energy with Carbon Capture and Storage，生物能结合碳捕获和封存）等负碳排放技术的推广应用，促使第一产业实现节能减排。

◆第三阶段（2046—2060年）：目标是深度脱碳，实现碳中和

在这个阶段，CCUS、BECCS等技术经过一段时间的发展已经基本成熟，可以大规模推广应用。同时，可再生能源、储能、氢能等技术也可以实现商业化应用。在这些技术的助力下，工业行业、电力行业、交通行业等可以完成低碳改造，大幅减少碳排放。对于无法控制的碳排放，可以借助CCUS、BECCS等技术以及碳汇交易实现碳中和。

由此可见，2030年实现碳达峰与2060年实现碳中和这两个目标一

脉相承。碳达峰实现的时间越早，峰值越低，碳中和的实现难度就越小。因此，现阶段，我国碳减排的重点任务就是尽快实现碳达峰，尽可能降低峰值。

从2030年实现碳达峰到2060年实现碳中和，中间仅有30年的时间，考虑到我国巨大的碳排放总量，在这30年间，我国的能源系统必将发生巨大变革。一方面，我国要大力推广可再生能源，碳捕集、利用与封存技术，生物能结合碳捕获与封存技术等有利于碳减排的能源与技术，用可再生能源大规模替代化石能源；另一方面，国家要做好统筹规划，科学施策面向不同的行业设计不同的碳减排方案，分阶段实施，保证各行各业如期完成碳减排目标。

05 “双碳”经济下的投资路线图

碳达峰、碳中和涉及工业、交通、能源、农业、建筑、消费等各行各业，而且实现路径非常多，包括能源替代、源头减量、回收利用、节能提效、工艺改造、碳捕集等。碳中和目标的实现覆盖了三大环节，涉及很多行业，如表1-2所示。

表1-2 碳中和目标实现的三大环节

三大环节	具体措施
碳源头	实施能源结构改革，用低碳能源、零碳能源替代传统的化石能源
碳应用	碳源通过能量转换后在生产过程中应用，需要不断进行能源转换，这个阶段碳减排的重点应该放在提升能源效率、节约能量等方面，具体表现为推动制造业转型升级，产品设计以节能为导向
碳排放	生产过程及末端都会产生碳排放，可能是气态、固态或者液态，这个环节碳减排的主要措施就是对废气、废物进行净化处理

◆碳源头：新旧替代趋势明确

（1）能源供给——光伏、风电与核电。在碳达峰、碳中和背景下，清洁低碳的新能源替代传统的化石能源已经成为必然趋势，我国各个新能源领域都有望获得新一轮的政策支持，享受新一轮能源变革带来的红利。在此形势下，光伏、风电、核电等绿色能源及相关配套设施领域潜藏着不错的投资机遇。

（2）能源传输——特高压、储能设备。绿色能源正处于加速推广状态，传输需求、储能需求会不断释放，特高压、储能设备等领域潜藏着不错的投资机遇。随着新能源不断取代旧能源，电力传输需求会越来越多，再加上未来几年我国要继续推进智能电网与特高压电网建设，使得特高压领域潜藏着巨大的投资空间。

除此之外，电能的高效利用与传递需要以储能技术为依托。首先，储能可以解决火电调频响应速度慢的问题，提高机组运作效率，与风电、光伏发电等新能源配套使用，缓和电网波动，实现平滑控制，满足并网需求，提高能源利用效率；其次，储能可以帮助电网调频、调峰，解决网络堵塞问题，提高电能传输效率；最后，储能与分布式光伏相结合，可以实现电力自发自用，保证供电的可靠性，从而降低用电成本，减少电力生产过程中的碳排放。由此可见，在未来电力生产与传输的各个环节，储能需求都将得到大幅释放，投资潜力巨大。

（3）传统能源——煤炭、石油、天然气行业龙头。随着传统能源需求不断下降，行业集中度可能会快速提升，煤炭、石油、天然气等行业的龙头企业可能会表现出明显的优势。为了实现碳中和，我国的能源结构将发生重大变革，传统能源需求将不断下降，低效落后的产能将逐渐被淘汰。随着行业集中度不断提升，具有资本、技术等多重优势的行业巨头将获得更好的发展。具体来看，柴油、汽油、天然气和液化石油气的碳排放在碳排放总量中的占比相对较大，这些行业的集中度或将率先提升。

◆碳应用：转型升级，节能减排

（1）交运应用——新能源车、新能源电池与充电桩。在碳中和背景下，包括新能源汽车、新能源电池、充电桩在内的交通运输行业的新能源获得了广泛关注，相关产业链潜藏着巨大的投资机会。对于交通行业来说，用新能源汽车替代燃油汽车是碳减排的重要举措，也是必然举措。近年来，我国新能源汽车积分政策不断收紧，这一趋势将延续很长时间，以推动新能源汽车推广应用。

《新能源汽车产业发展规划（2021—2035年）》明确表示，“新能源汽车是我国从汽车大国迈向汽车强国的必由之路，是应对气候变化、推动绿色发展的战略举措”。新能源汽车的快速发展将对上游的电池、电子元件及相关设备产生巨大需求，同时也将对充电桩等基础设施建设产生积极的推动作用，这些领域都将表现出不错的投资机遇。

（2）材料应用——钢铁、有色及化工行业龙头。传统材料制造业的碳排放比较高，为了实现碳达峰、碳中和，该行业将不断释放需求，向着绿色、低碳的方向转型升级。在这种情况下，投资机构可以关注该领域的细分行业。随着新能源的产能不断提高，未来很长一段时间，钢铁，铜、锂、镍、钴等有色金属以及基础化工材料的需求将不断增长。同时，因为金属加工业、基础化工业和石油化工业等行业的碳排放量较高，在碳中和背景下，钢铁、有色、化工等行业的集中度也会不断提升，细分领域的龙头企业可能释放出巨大的投资价值。

（3）建筑应用——环保建材、装配式建筑。在碳达峰、碳中和的背景下，环保建材、装配式建筑将得到快速推广，市场占有率将快速提升。为实现碳减排，建筑行业将深入贯彻环保理念。从产品设计来看，低碳材料、可回收材料将成为市场“新宠”。从建筑细分领域看，建筑行业的碳排放主要源于两个方面：一是水泥、钢筋等建材生产过程中的碳排放；二是建造模式比较传统，生产效率较低，产生了较高的碳排放。

为了实现碳中和，建筑行业将发生重大变革。一方面，低碳环保建材将得到大范围推广应用，市场占有率将不断提升；另一方面，传统的建造方式将逐渐为装配式建筑等新型建造方式所替代，从而减少建筑建造过程中的材料消耗与能源消耗，减少生产过程中的碳排放。因此，在建筑领域，环保建材、装配式建筑将成为新的投资领域。装配式建筑与传统建造模式的能耗对比如图 1–3 所示。

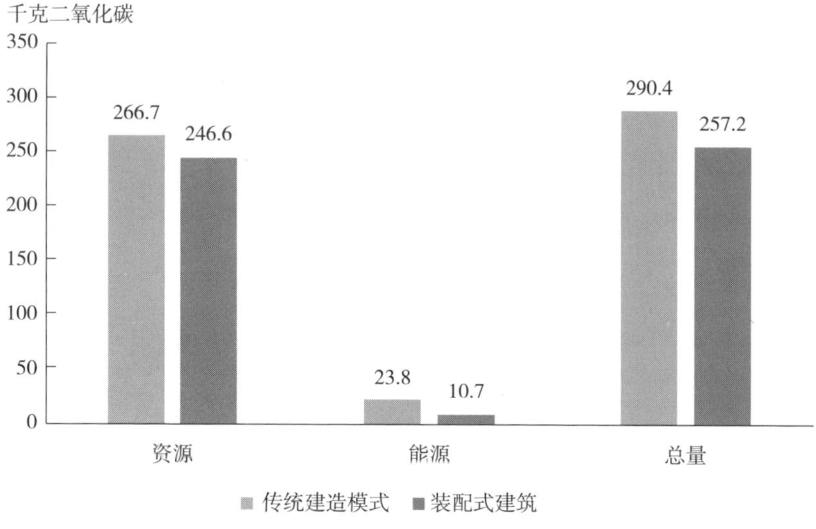

图 1–3 装配式建筑与传统建造模式的能耗对比

◆碳排放：环保需求全覆盖

碳排放涉及各行各业，每个行业都将释放出巨大的环保需求。在工业、建筑、交通运输等行业中，工业的废物处理是碳减排的重要环节。目前，工业废物处理常用的方式有三种，即焚烧、填埋、回收，其中前两种方式应用频率较高。焚烧、填埋会产生大量的碳排放，因此这一环节需要借助环保设备实现减排。在这种情况下，垃圾焚烧、环卫电动化、环保设备、节能设备、资源再生等领域将产生大量的投资机会。

第2章
国际共识：一场全球性的绿色低碳革命

01　全球主要国家碳中和路线图

2015年12月，《联合国气候变化框架公约》近200个缔约方在巴黎气候变化大会上达成《巴黎协定》，这是继《京都议定书》后第二份有法律约束力的气候协议，为2020年后全球应对气候变化的行动做出了安排，明确了在21世纪将全球平均气温上升幅度控制在2℃以内乃至1.5℃以内的目标，明确了全球低碳转型方向。会议结束后，各国相继提出碳中和目标。

截至2021年1月20日，全球已经有127个国家和地区提出了碳中和目标，其中，大多数国家预计到2050年实现碳中和，瑞典、芬兰等少数国家预计在2035—2045年实现碳中和，我国将实现碳中和的时间确定在2060年。[①]下面我们对全球各个国家和地区提出的碳中和目标进行简单汇总。

① 数据来源：国际能源中心。

中国

目标日期：2060年

承诺性质：政策宣示

在2020年9月召开的联合国大会上，中国宣布计划在2060年实现碳中和，并采取有效措施力争在2030年之前实现碳达峰。

奥地利

目标日期：2040年

承诺性质：政策宣示

2020年1月，奥地利联合政府在宣誓就职时承诺在2030年实现100%清洁电力，2040年实现气候中立，这些目标得到了右翼人民党与绿党的认可。

加拿大

目标日期：2050年

承诺性质：政策宣示

2019年10月，特鲁多总理实现连任，承诺到2050年实现碳中和，并制定了具有法律约束力的五年一次的碳预算。

智利

目标日期：2050年

承诺性质：政策宣示

2019年6月，皮涅拉总统宣布智利会努力实现碳中和。2020年4月，智利政府向联合国提交了一份承诺书，明确提出会在2024年之前关闭8座燃煤电厂，2040年之前逐步淘汰煤电，到2050年实现碳中和。

哥斯达黎加

目标日期：2050年

承诺性质：提交联合国

2019年2月，哥斯达黎加政府制定了一揽子气候政策，在12月提交给联合国的计划书中明确表示要在2050年实现净零排放。

丹麦

目标日期：2050年

承诺性质：法律规定

2018年，丹麦政府制定了一个到2050年建成“气候中性社会”的计划，发布了很多政策，例如从2030年起禁售新的汽油和柴油汽车，推动电动汽车普及应用。在2019年6月的议会选举中，气候变化是一个非常重要的议题，“红色集团”政党获胜后提出了更严格的排放目标，并通过相关法律做出了明确规定。

斐济

目标日期：2050年

承诺性质：提交联合国

斐济是2017年联合国气候峰会COP23的主席国，为了以身作则，彰显自己的领导力，2018年向联合国提交了一份计划，明确表示要在2050年让所有经济部门实现净零排放。

法国

目标日期：2050年

承诺性质：法律规定

2019年6月，法国国民议会通过投票将碳排放净零目标纳入法律。为了在2050年实现碳中和，法国新成立的气候高级委员会建议将碳减排速度提升三倍。

德国

目标日期：2050年

承诺性质：法律规定

2019年12月，德国第一部主要气候法正式生效。在这部法律的导言中，德国明确表示要在2050年之前实现温室气体中立。

匈牙利

目标日期：2050年

承诺性质：法律规定

2020年6月，匈牙利通过一部气候法，明确表示要在2050年实现气候中和。

冰岛

目标日期：2040年

承诺性质：政策宣示

冰岛是为数不多的承诺在2040年实现碳中和的国家之一，其底气在于利用当地丰富的地热资源和水力资源获得了几乎不产生碳排放的电力与供暖，接下来就是逐步淘汰运输行业使用的化石燃料，恢复植被与湿地。

爱尔兰

目标日期：2050年

承诺性质：执政党联盟协议

2020年6月，爱尔兰三个政党通过了一项联合协议，同意设定2050年实现净零排放的目标，在未来十年每年减排7%。

日本

目标日期："本世纪后半叶尽早的时间"

承诺性质：政策宣示

2019年6月，日本政府通过了一项气候战略，提出要在本世纪后半叶尽早实现碳中和，并明确了两个研究方向，一是碳捕获、利用和储存，二是开发氢能源。

马绍尔群岛

目标日期：2050年

承诺性质：提交联合国的自主减排承诺

2018年9月，马绍尔群岛向联合国提交了一份报告，承诺要在2050年实现净零排放，但没有发布具体的政策。

新西兰

目标日期：2050年

承诺性质：法律规定

在新西兰，二氧化碳的主要来源是农业。2019年11月，新西兰通过一项法律，为除生物甲烷以外的所有温室气体设定了净零目标，因为生物甲烷的主要来源是绵羊和牛，为了不损害当地经济发展，新西兰设定了到2050年将生物甲烷在2017年的基础上减少24% ~47%的目标。

挪威

目标日期：2030年/2050年

承诺性质：政策宣示

挪威承诺在2030年通过国际抵消实现碳中和，到2050年在国内实现碳中和。截止到目前，挪威还没有发布任何有约束力的气候法，上述承诺只是政策宣示。

葡萄牙

目标日期：2050年

承诺性质：政策宣示

2018年12月，葡萄牙发布了一份实现碳中和的路线图，涵盖了能源、运输、废弃物、农业、森林等方方面面的内容，宣布要在2050年实现碳中和。

新加坡

目标日期："在本世纪后半叶尽早实现"

承诺性质：提交联合国

新加坡和日本做出了同样的承诺，"在本世纪后半叶尽早实现碳中和"，没有给出明确的时间。但新加坡在2020年3月向联合国提交的长期战略中，明确表示会在2040年淘汰内燃机车，代之以电动汽车。

斯洛伐克

目标日期：2050年

承诺性质：提交联合国

斯洛伐克承诺要在2050年实现气候中和。在欧盟成员国中，斯洛伐克是第一批向联合国提交长期战略的国家之一。

南非

目标日期：2050年

承诺性质：政策宣示

2020年9月，南非政府发布低碳排放发展战略，提出要在2050年实现碳中和，成为净零经济体。

韩国

目标日期：2050年

承诺性质：政策宣示

2020年4月，民主党在选举中获胜，其提出的"绿色新政"获得了广大选民的支持。“新政”承诺在2050年之前实现经济脱碳，结束煤炭融资。

西班牙

目标日期：2050年

承诺性质：法律草案

2020年5月，西班牙政府提交了一份气候框架法案草案，设立专门的委员会监督法案执行情况，并立即停止发放新的煤炭、石油和天然气勘探许可证。

瑞典

目标日期：2045年

承诺性质：法律规定

2017年，瑞典制定了到2045年实现碳中和的目标，预计通过国内政策实现85%的碳减排，剩余的碳减排通过国际减排来弥补。

瑞士

目标日期：2050年

承诺性质：政策宣示

2019年8月，瑞士联邦委员会宣布计划在2050年实现碳净零排放，并通过议会修订气候立法，通过技术开发与创新推动碳中和目标的实现。

英国

目标日期：2050年

承诺性质：法律规定

早在2008年，英国就通过一项减排框架法，设定了80%的减排目标。2019年6月，英国议会通过修正案，将80%调整为100%。苏格兰议会制定了一项法案，承诺在2045年实现净零排放，并于2019年秋季正式形成法律规定。

乌拉圭

目标日期：2030年

承诺性质：《巴黎协定》下的自主减排承诺

乌拉圭向联合国提交的报告表示，其将通过减少牛养殖、能源消耗与废弃物排放，在2030年实现碳中和，成为净碳汇国。

02 德国：碳中和的政策路径

在世界各国中，德国在能源转型方面的表现最为积极，先于世界其他国家制定了碳减排目标，也先于其他国家实现碳达峰。在2020年碳排放量排名前15的国家中，美国、俄罗斯、日本、巴西、印度尼西亚、德国、加拿大、韩国、英国和法国已经实现碳达峰，其中，德国早在1990年之前就实现碳达峰。在多年的发展中，德国出台了多项政策与法律法规，不断加大碳减排力度，从2000年到2019年，德国的碳排放量减少了近20%，从8.544亿吨降至6.838亿吨。

2019年5月，德国退出煤炭委员会，并承诺最晚到2038年退出燃煤发电。其后，德国联邦政府内阁和德国联邦议院分别于9月20日和11月15日通过《气候行动计划2030》和《德国联邦气候保护法》，通过立法明确规定到2030年让温室气体排放比1990年减少55%，到2050年实现净零排放。之后，随着欧盟统一政策目标的发布，德国或将考虑将55%的减排目标提升至65%。

德国为实现碳中和制定的所有法律法规都具有系统性。在气候立法之前，德国联邦政府已经围绕碳减排发布了一系列长期战略与行动计划，例如“德国适应气候变化战略”（The German Strategy for Adaptation to Climate Change）、“适应行动计划”（The Adaptation Action Plan）、《气候保护规划2050》等，这些战略制定了统一的碳减排目标，得到了广泛的认可与支持。

在此基础上，为增强约束力，德国联邦政府出台了一系列法律法规，例如《德国联邦气候保护法》《可再生能源法》《国家氢能战略》等，同时为推动具体的行动计划落地执行，德国联邦政府又制定了《气候行动计划2030》，对各产业、各部门应该采取的行动做出了明确规定。根据《德国联邦气候保护法》的相关描述，到2030年，德国温室气体的排放量要比1990年减少55%，到2050年实现净零排放。为了实现这一目标，这部法律对各产业部门从2020年到2030年的减排目标做出了硬性规定，产生了强约束作用。

为了更好地落实《德国联邦气候保护法》规定的具体行动，德国联邦政府出台了《气候保护计划2030》，对各产业的减排目标进行细分，将总体减排目标分解到建筑和住房、能源、工业、运输、农林等各个部门，并围绕减排措施、减排目标调整、减排效果评估等制定相关的法律法规。

◆建筑和住房

2020年11月1日，《建筑物能源法》正式生效实施，明确提出用基于可再生能源的新供暖系统代替原有的供暖系统。此外，德国联邦政府为鼓励企业提高能效，加大在可再生能源领域的投资，发展可再生能源，出台了一系列税收减免政策。例如，德国联邦政府与银行联合设立联邦节能建筑基金，为建筑节能改造以及节能建筑建造提供信贷支持。

◆能源

2019年底，德国联邦政府通过《2050年能源效率战略》，提出要在所有经济领域提高能效，到2030年减少一次能源使用的目标。2020年，德国联邦政府通过《德国燃煤电厂淘汰法案》和《矿区结构调整法案》，提出分阶段淘汰燃煤电站，总体减少二氧化碳排放量的目标。2020年9月23日，德国联邦政府通过《可再生能源法修正案草案》，提出大力发展可再生能源发电，到2030年将可再生能源发电在总电力消耗中的占比提升至65%。

◆工业

在工业领域，德国联邦政府的主要政策是鼓励企业开发新技术，减少能源消耗，提高能效。例如，为了鼓励工业企业开发有利于气候保护的技术，德国联邦政府出台了高技术气候保护战略以及《国家氢能战略》，并为后者投入70亿欧元，试图通过技术创新打造核心竞争力，在全球保持领先地位。

为了鼓励企业在碳捕集、利用与封存技术，移动和固定式储能系统电池技术，材料节约型和资源节约型的循环经济技术等领域创新，德国联邦政府设立了数十亿欧元的产业基金，鼓励工业企业在上述领域积极布局，带动技术创新。

◆运输

为了减少运输行业的温室气体排放，德国联邦政府出台了一系列政策，鼓励购买电动汽车，鼓励自行车、铁路出行，鼓励相关企业研发替代燃料技术等。例如，德国联邦政府规定，从2019年11月起，消费者购买电动汽车最高可以获得6000欧元的补贴；到2030年，德国要建设100万个充电站；对于2021年以后购买的燃油汽车，要按照公里碳排放征收车辆税；从2021年开始，为了推动地区公交电动化，德国联邦政府每年会在该领域投入10亿欧元；到2030年，为了让全国铁路实现电气化、智能化改造与升级，德国联邦政府会在该领域投入860亿欧元。

◆农业和林业

在农业方面，德国会不断提高有机农业用地的比例，从目前的9.7%提升至2030年的20%，使农业生产活动产生的碳排放减少40万~120万吨。除此之外，德国加大对森林和木材使用的保护和管理，提高农业能源利用效率，加大对耕地腐殖质、永久草原、沼泽土壤的保护，减少泥炭使用，增加食物的可持续消费。

03 英国：开启“绿色工业革命”

英国是世界上第一个通过颁发法律明确中长期减排目标的国家，也是世界上最早开始为实现碳中和做出各种努力的国家。2008年，英国颁布《气候变化法》；2010年，英国标准协会发布了世界上第一个碳中和规范；2019年，英国对《气候变化法》进行修订，明确到2050年实现碳中和的目标。

2020年11月18日，英国政府发布“绿色工业革命”计划，该计划涵盖了海上风能、氢能、核能、电动汽车、公共交通与步行骑行、绿色航运、住宅与公共建筑、碳捕捉、自然环境、创新与金融十个方面的内容。为了推进这一计划，英国政府预计投入120亿英镑，创造超过25万个就业岗位。同时，为鼓励电动汽车发展，英国计划在2030年之前禁售以汽油和柴油为动力的新车，到2035年之前停止销售混合动力汽车。

2020年12月3日，英国政府宣布了最新的减排目标，即相比1990年，2030年的温室气体排放量要减少68%以上。为实现碳达峰、碳中和目标，英国气候变化委员会提倡从2020年底开始改变现有的气候目标，同时采取更高效的政策。在这一政策导向下，英国大多数行业都要节能减排，努力实现净零排放。为了实现这一目标，英国采取了如表2-1所示的措施。

表2-1　英国节能减排的四大措施

切入点	具体措施
技术方面	英国创新性地开发出碳捕获与封存（Carbon Capture and Storage，CCS）技术，可以收集大型发电厂、钢铁厂、化工厂等排放的二氧化碳，避免其排入大气，将单位发电的碳排放减少85%～90%
能源方面	在使用清洁能源方面，英国采取的措施是推动运输、取暖等部门实现电气化。随着这一举措不断落地，电力需求将翻倍增长。英国气候变化委员会预测，到2050年，电能、热能等都需要由低碳能源进行生产，能源供应量要增加四倍。除了用来发电之外，氢能还要用作车辆、船舶的燃料等。另外，在未来几十年，生物能源、合成燃料将大规模取代化石能源，对碳中和的实现产生积极的推动作用
金融方面	2021年夏天，英国按计划推出了绿色金边债券与绿色零售储蓄产品，还将建立“碳市场工作小组”，准备将英国伦敦打造成世界领先的碳市场

续表

切入点	具体措施
能源创新方面	英国推出净零创新投资组合，并为其投入10亿英镑。为鼓励能源创新，英国在这个组合中新增了三项内容，分别是海上浮式风力发电、绿色能源存储系统以及能源作物和林业

目前，英国很多城市正在努力打造零碳城市或示范区，例如布里斯托在2018年启动了City Leap项目，计划从全球吸引10亿英镑的投资，在2030年之前打造一个零碳城市，供热、能源、交通实现深度脱碳，新建建筑实现净零排放等。亨伯零碳区也在大规模建设碳捕集、利用和封存网络以及氢能设施；贝丁顿零碳社区等也在积极探索零碳城市建设。

为了实现碳中和，英国的企业也采取了很多措施。例如，老牌石油公司BP Amoco（BP）提出净零排放目标，力争在2050年之前成为净零公司。为了实现这一目标，BP提出新的发展战略：第一，到2030年在低碳能源领域的投资额要增至50亿美元；第二，提高氢能业务在核心市场的份额，力争达到10%；第三，与全球10～15座大城市以及三个核心行业建立能源合作关系。

世界第二大石油公司皇家壳牌石油（以下简称壳牌）提出全面减少产品生产过程中的碳排放，计划到2030年将销售产品的碳足迹减少30%，到2050年减少65%。最晚到2050年，壳牌要实现净零排放。为了实现这一目标，壳牌设置了ESG[①]事务专员，专门围绕气候问题、温室气体排放问题与政府、股权交易基金进行沟通；持续增加在氢能、储能电池等交通无碳能源动力技术和CCS/CCUS低碳减排技术等方面的投

① ESG是责任投资中的专有名词，是三个英文单词首字母的缩写，即环境（Environmental）、社会（Social）和公司治理（Governance），是衡量上市公司社会责任感的重要标准。

入，鼓励技术创新；同时积极寻找切入点推动企业实现低碳转型。

04　美国：清洁能源战略行动计划

美国在2007年实现了碳达峰，为其开展气候外交奠定了良好的基础。近年来，随着极端天气的出现频率越来越高，所带来的经济损失、对人类生命安全的威胁越来越大，美国各州、市纷纷采取行动，应对气候变化带来的各种问题。下面对美国各州、市采取的行动进行总结，大致包括七项内容，如图2–1所示。

图 2–1　美国实现碳中和的七大措施

（1）针对减少温室气体排放制定了明确的目标。为了应对气候变化，美国成立了美国气候联盟，所有加入该联盟的州都同意实施碳减排政策，以实现《巴黎协定》关于将21世纪全球平均气温上升幅度控制在2℃乃至1.5℃以内的目标。根据美国气候联盟的规划，到2025年，美国至少要将温室气体排放减少26% ~28%。为此，美国各州制定了自己的碳减排目标，例如加利福尼亚州计划到2045年实现碳中和，新墨西哥州计划到2030年温室气体的排放量相比2005年减少45%。

（2）签署关于加强可再生能源发展的立法。清洁能源不仅可以减少污染，而且可以创造一些就业机会，带动就业，因此加入美国气候联盟的各州都在积极发展绿色经济。例如，内华达州通过一项法案，利用可再生能源取代化石能源发电，到2030年将可再生能源发电量在所有发电量中的占比提高到50%。明尼苏达州计划到2050年让清洁能源100%取代化石能源进行发电。

（3）提高能效。在美国的能源使用总量中，住宅与商业建筑的能源消耗占据了40%。在这种情况下，很多州都将提高能源效率作为减少碳排放、应对气候问题的一项重要内容。例如华盛顿州签署了一项立法，计划提高全州数千座大型商业建筑的能源利用效率，减少碳排放。

（4）大规模推广新能源汽车。在运输业，乘用车的碳排放占比极高。因此，美国各州制定了相关政策，推动电动汽车、新能源汽车等零排放汽车快速发展。例如，2019年5月，科罗拉多州空气质量控制委员会通过一项决定，要求汽车制造商在2023年之前将所生产的5%的新能源汽车在当地销售；夏威夷州规定，如果居民安装新的电动汽车充电系统或者对现有系统进行升级，可以获得一定比例的补贴。

（5）减少有害空气污染物排放。目前，世界各国都将温室气体减排的重点放在二氧化碳上，事实上，黑炭、甲烷、氢氟碳化合物等污染物排放也会在短时间内造成比较严重的污染。为了减少这类有害气体排放，2019年，弗吉尼亚州宣布限制天然气基础设施与垃圾填埋场的甲烷泄漏；康涅狄格州、马里兰州、纽约州出台法规，禁止使用氢氟碳化合物；华盛顿州、佛蒙特州也发布了类似法规。

（6）鼓励对清洁能源、弹性社区等项目投资。例如，马萨诸塞州政府签署两项立法，鼓励社会资本投资清洁能源、弹性社区等项目，保护当地居民、企业免受气候变化的影响，加强对环境资源的保护；科罗拉多州成立一家“绿色银行”，鼓励私营部门持续加大对清洁能源项目的投资。

（7）开发特殊工具与资源，更好地应对气候变化。只有借助科学合理的工具才能对气候变化带来的影响进行准确评估。北卡罗来纳州发布了温室气体清单，鼓励企业开发相应的工具与资源，对未来一段时间温室气体的排放量进行跟踪预测。同时，该州还创建了一个网站，专门用于沿线社区对海平面上升情况等进行监测，从而应对气候变暖带来的一系列不良影响。

05　日本：2050年绿色增长战略

为了实现碳中和，日本经济产业省于2020年12月发布了文件《2050年碳中和绿色增长战略》（以下简称《绿色增长战略》）。在这份文件中，日本经济产业省明确表示将通过监管、补贴、税收优惠等政策，鼓励民营资本投资包括海上风电、核能产业、氢能等在内的14个产业项目，总投资超过240万亿日元，大约为2.33万亿美元，借此促进日本经济持续复苏。预计到2050年，该战略对日本经济增长的贡献每年将超过2万亿美元。

具体来看，日本《绿色增长战略》主要阐述了以下几方面内容。

◆多途径促进能源供应清洁化

化石能源是日本的主要能源，在一次能源消费中的占比超过87%。众所周知，化石能源燃烧会产生大量的二氧化碳。因此，日本想要开展碳减排、实现碳中和，调整能源结构、减少化石能源的使用是第一要务。为了促进能源供应的清洁化、低碳化，日本计划从三个方面着手，如表2-2所示。

表2-2 能源供应清洁化、低碳化的三大措施

措施	具体内容
发展海上风电	大力发展海上风电，制定可行的基础设施建设方案，推动包括系统、港湾在内的海上风电基础设施建设，打造强韧的供应链。到2040年，日本海上风电装机量预计达到30～45吉瓦，设备国产化率预计达到60%，还将推动海上风电技术走出国门，深入开发亚洲市场
发展氨燃料产业	在燃煤电厂尝试应用20%氨混烧技术、50%氨混烧技术和纯氨发电技术，开发新型高效的氨生产设备，构建海外供应链，保证氨燃料供给。按照《绿色增长战略》的规划，到2030年，日本将有20%的电厂使用氨混烧技术，全球氨燃料供应规模将达到1亿吨
发展氢能产业	加快涡轮氢气发电机、氢燃料电池商用车、氢能冶金的开发速度，研发大型液化氢和甲基环乙烷海上运输设备，加快日产水电解装置出口。预计到2030年，日本进口氢气的规模将达到300万吨，成本降至20日元/立方米。到2050年，日本氢气供应量将达到2000万吨，发电成本将低于燃煤发电

◆应用新技术加快重点行业减排脱碳

交通运输、工业生产、农业畜牧业会产生大量温室气体，为了减少温室气体排放，日本将积极研发新技术，帮助这些行业提高能源利用效率，推广应用清洁能源，加快二氧化碳回收利用，实现深度脱碳，具体措施如图2-2所示。

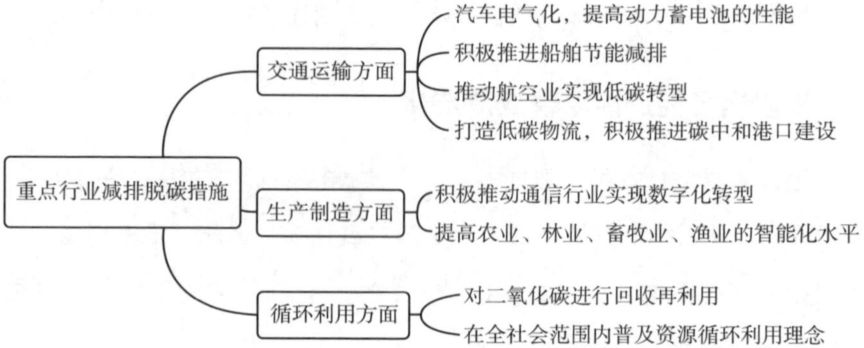

图 2–2　重点行业减排脱碳措施

（1）交通运输方面。

交通运输行业的脱碳减排主要有四种方式：

第一，汽车电气化，提高动力蓄电池的性能，降低成本，加快充电桩等基础设施建设，加快“出行即服务”等新型服务基础设施建设。预计到2030年，日本所有的新车都将实现电动化，然后逐渐淘汰燃油机车，减少汽油、柴油燃烧产生的碳排放。

第二，积极推进船舶节能减排，一方面大力提高LNG（Liquefied Natural Gas，液化天然气）动力船的性能；另一方面使用氢、氨等零碳燃料替代传统的化石燃料，制定国际船舶能效指数以及能效业绩分级制度。

第三，推动航空业实现低碳转型，一方面对飞机装备与推进系统进行电气化改造；另一方面积极探索氢燃料作为飞机动力的可能性，同时提高碳纤维和陶瓷等材料的性能，减轻机身与发动机的重量，提高运行效率。

第四，打造低碳物流，积极推进碳中和港口建设，提高物流效率，推动物流行业实现电动化、燃料脱碳化。

（2）生产制造方面。

第一，积极推动通信行业实现数字化转型，对绿色数据中心精心选址，建立健全新一代信息通信基础设施建设，提高半导体、数据中心、信息通信基础设施的性能，实现节能减排。预计到2030年之前，新建数据中心节能超过30%，数据中心的电力使用可再生能源发电，到2040年实现碳中和。

第二，提高农业、林业、畜牧业、渔业的智能化水平，积极推进技术创新，创建自产自销的能源系统，利用森林、海洋、耕地等长期大量地储存碳元素，实现碳减排。

（3）循环利用方面。

第一，对二氧化碳进行回收再利用，例如在建筑行业推广使用能够吸收二氧化碳的混凝土，在能源领域使用藻类固定二氧化碳并生产生物质燃料，在生产领域推动二氧化碳分离回收设备普及应用等。

第二，在全社会范围内普及资源循环利用理念，创建信息共享系统，推动塑料等产品生物化、再生材料化，推广使用再生材料，对化石能源燃烧产生的废气进行回收再利用。

◆发展绿色产业推动生活方式低碳化

随着低碳理念不断普及，低碳生活方式逐渐在日本流行，但因为还没有充足的低碳工具，低碳生活模式不完善，导致低碳生活在推行过程中遇到了很多问题。为了减少日常生活中的碳排放，日本计划采取以下措施：

（1）大力发展下一代住宅、商业建筑和太阳能产业，利用人工智能、物联网等技术开展用户能源管理，鼓励建设周期可循环负排放建筑，开发下一代轻薄型太阳能电池，在建筑领域推广使用高性能隔热材料、高效用能设备和可再生能源。

（2）在日常生活中推广普及脱碳技术，推行住、行一体化管理，利用区块链技术创建碳交易市场，推动共享交通与物流快速发展。

第3章

中国路径："双碳"重塑未来经济格局

01　能源结构：驱动新旧能源转换

为了实现2030年碳达峰，2060年碳中和的目标，国务院新闻办公室在2020年12月21日发布了《新时代的中国能源发展》白皮书，对我国在2060年之前实现碳中和的路线进行了规划。2021年初召开的中央经济工作会议明确了八项重点任务，2030年实现碳达峰，2060年实现碳中和就是其中之一。

实现碳中和的逻辑就是让经济社会发展产生的二氧化碳与植物吸收的二氧化碳、通过碳汇活动抵消的二氧化碳实现对等。二氧化碳是人类活动的必然产物，因此实现碳中和的途径就是用等量碳汇或国外碳信用冲抵碳排放，让碳排放无限接近于零。

为了实现2030年碳达峰，2060年碳中和的目标，我国的能源结构将发生巨大改变。一方面，可再生能源行业、储能行业、节能行业、碳捕集与封存技术等行业将加速发展；另一方面，可再生能源将实现推广应用，代替化石能源已经成为大势所趋。

目前，在我国的能源结构中，化石能源仍然是主要能源。2020年，我国化石能源消费在一次能源消费中的占比大约为85%，其中煤炭消费占比大约为57%，石油消费占比大约为18%，天然气消费占比大约为8%，如图3–1所示。在这种能源结构下，我国二氧化碳的排放量始终居高不下。其中，由化石能源消费产生的碳排放接近100亿吨，其中，煤炭消耗产生的碳排放超过75亿吨，石油消耗产生的碳排放大约为14亿吨，天然气消耗产生的碳排放大约为7亿吨。

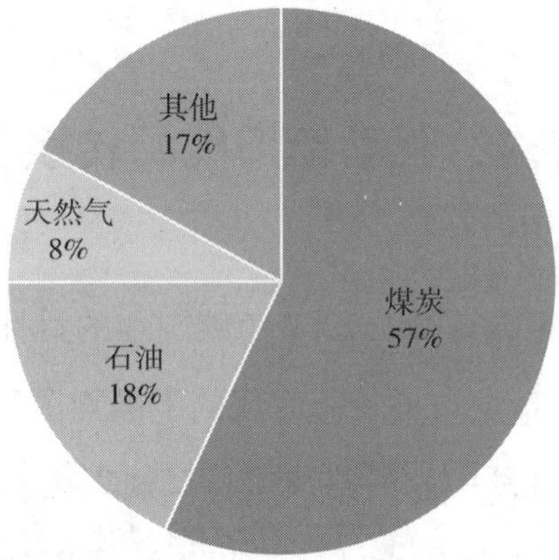

图3–1　化石能源消费结构

近年来，虽然随着供给侧结构性改革不断推进，新能源快速发展，煤炭在我国能源结构中的占比有所下降，但仍保持着主体地位。同时，虽然我国顺应用天然气取代煤炭的国际主流趋势，全面推进“煤改气”的供暖改革，但是，我国天然气产量较低，对外依赖度较高，导致天然气在我国能源结构中的占比依然很低，对“煤改气”能源改革造成了一定的阻碍。

随着碳中和战略不断推进，化石能源将逐渐退出市场，对能源跨级改革产生积极的推动作用。从能源品类来看，化石能源包括煤炭、石油、天然气等，在燃烧过程中均会产生碳排放，这是工业化时代全球碳排放增量的主要来源。为了实现碳中和，化石能源会逐渐被低碳排放甚至零碳排放的新型能源所取代，将推动经济发展动力从根本上发生改变。对于我国来说，因为煤炭在我国能源结构中的占比过大，相对清洁的天然气又严重依赖进口，所以新能源成为我国能源改革的重要方向。事实上，我国的能源改革已经初见成效，水能、核能和风能等新型能源在能源结构中的占比明显提升。在碳中和背景下，这一进程将持续加快，推动我国能源改革跳过“煤改气”这一过程，实现跨级跃升。

近两年，在个别国家的影响下，全球发展呈现出逆全球化趋势，能源安全引起了各国的高度重视，碳中和战略有可能从根本上提升能源安全。随着全球经济快速发展，能源竞争愈演愈烈，能源安全上升到了一个前所未有的高度。在逆全球化形势下，国际能源贸易将面临很多不确定性。如果某个国家的能源对外依赖性比较强，能源安全甚至会威胁到国家安全。在碳中和背景下，我国的能源安全战略会逐渐从渠道向源头延伸，推动新旧动能转换，降低天然气、石油等传统化石能源的外部依赖，切实保障能源安全，为我国经济健康、稳定、可持续发展奠定良好的能源基础。

02 产业结构：引领传统产业转型升级

从行业来看，工业、发电行业是二氧化碳排放的主要来源，交通行业的二氧化碳排放也不容忽视，相比较而言，农业、居民、商业和公共服务等行业的二氧化碳排放量要低很多。具体来看，进入工业化时代以来，电力在人们的日常生活生产中发挥着重要作用。

目前，在我国的能源结构中，煤电仍占据着主要地位。截至2020年底，全国全口径煤电装机容量10.8亿千瓦，占总装机容量的比重为49.1%，虽然首次降至50%以下，但占比仍然很高。[①]根据IEA发布的最新数据，中国电力和热力生产部门因燃烧化石能源产生的碳排放占比超过了50%。

在工业端，能源加工行业、钢铁行业以及化学原料制造业等一直是煤炭消费的重点行业，除电力和热力之外的工业行业所产生的化石能源碳排放占比接近30%。在交通行业，随着中国城镇化建设进程持续推进，交通行业的能源消费规模与二氧化碳排放规模不断扩大。在交通行业的能源结构中，石油是主要能源，所产生的碳排放占比大约为10%。

工业行业想要实现碳中和，必须改变“高能耗、高污染”的产业结构。随着新型城镇化建设逐渐完成，我国对建筑材料的需求将大幅减少，工业产业的化石能源消耗和由此产生的碳排放也将大幅下降。虽然工业生产依然会使用煤炭、石油等化石能源，但是将其作为工业原材料使用，不会产生太多碳排放。即便如此，工业行业想要实现净零排放，也要引入CCUS等负碳排放技术，并通过自然碳汇抵消产生的碳排放。由于负碳排放技术很难在短期内取得突破性进展，所以，在减少碳排放方面，提高化石能源的利用效率，控制化石能源消费，使用可再生能源替代化石能源仍是重要的技术手段。

电力行业是碳排放的主要行业，为了在2060年之前实现碳中和，该行业必须开展深度脱碳。电气化是电力行业深度脱碳的有效方案，在

① 数据来源：《中国能源大数据报告（2021年）——电力篇》。

这一趋势下，未来，我国电力行业将形成以“可再生能源+储能系统”为主的电力供给体系。经过十余年的探索与努力，可再生能源的发电成本大幅下降，光伏发电成本下降幅度超过了90%。

可再生能源发电成本的下降主要源于其应用规模的不断扩大。在可再生能源的各种类型中，风能、光伏具有间接性、波动性的特点，实现大规模并网之后，很有可能对整个电力系统的稳定性造成不良影响。为了保证电力供应的稳定性，电力行业要建设一个储能系统，通过负荷管理进行电网调峰。“可再生能源+储能系统”模式不仅可以提高可再生能源发电的可靠性与稳定性，还可以减少电力系统的碳排放，对碳中和目标的实现产生积极的推动作用。

交通行业想要实现碳中和，电气化是非常重要的手段。随着新能源汽车不断发展，交通基础设施不断完善，传统的燃油汽车将被电动汽车替代，路面交通将实现完全电气化，碳排放将大幅下降。同时，随着制氢成本不断下降，氢能技术不断成熟，氢燃料电池汽车在减少碳排放方面的作用也非常值得期待。航空、航海等交通部门使用生物燃料、氢燃料等可以有效减少碳排放。对于不得不产生的碳排放，可以通过自然碳汇实现中和，从而实现零碳排放。

03 消费结构：倡导绿色低碳生活

近年来，随着经济不断发展、人们的收入水平不断提升、消费观念不断升级，我国已经进入消费转型升级阶段，对绿色消费方式与生活方式的培育产生了积极的推动作用。研究发现，从2012年开始，虽然我国生产领域的资源环境绩效有所提升，但都被消费领域资源环境绩效的下降所抵消，导致经济绿色转型速度下降。随着消费规模不断扩大，这种效应会变得更加明显。

生产领域的高质量发展需要消费领域的转型升级来推动。可计算一般均衡模型（Computable General Equilibrium Model，CGE）分析表明，绿色消费，尤其是衣、食、住、行领域的绿色消费可以在长时间内对经济发展与就业产生正向推动作用。

目前，我国政府发布了很多促进消费的文件，这些文件基本上都提到了绿色消费。在碳中和目标的指引下，地方政府的政策逐渐明晰，促进绿色消费主要集中在五个领域，分别是汽车、家电、家具、新型建材和可降解塑料。

消费是组织、团体与个人的共同行为，在全面推进生态文明建设的时代背景下，消费绿色转型是必然趋势，绿色消费方式与生活方式的形成可以对共建共治共享的社会治理体系建设产生积极的推动作用。目前，已经有一些国家将可持续消费纳入国家发展战略，探索通过可持续消费提高人们的生活水平，拉动经济持续增长。

目前，在绿色消费领域，我国还没有形成系统、明确的中长期目标以及具体的监测衡量指标。借鉴德国、瑞典等国家的做法，我国政府应该尽快建立绿色消费指标体系，对绿色消费情况进行有效评估，为“十四五”时期具体发展目标的确定提供有效依据。有机构通过研究提出了13项建议指标，其中总体性指标包括人均生活二氧化碳排放增长、人均日常生活用水量、主要绿色产品产值、政府绿色采购比例等，领域指标可以按照衣、食、住、行、用、游等领域进行划分，选择能够反映主要资源环境绩效状况的、可以获取数据的指标。

在我国的居民消费中，衣、食、住、行、用消费占比达到了76%。CGE模型分析表明，我国这种消费结构将维持很长时间，有可能长达15年。衣、食、住、行、用五个领域对居民消费资源环境的影响比较大，一个单位的绿色产品消费就有可能在拉动经济增长、改善资源环境方面产生显著效果。为此，在“十四五”期间，我国发展绿色消费的重点可以放在绿色饮食、绿色建筑、绿色出行、绿色家用、绿色穿衣、绿色旅游等领域，优先增加绿色产品和服务的供给，同时做好减量、再利用、再循环工作。

我国要坚持供给侧与需求侧同时发力，加快构建绿色消费政策体系，坚持激励与约束并行，引导政府、企业与消费者共建共治共享。

在供给侧，政府要制定相应的法律法规，建立有利于推动绿色消费的制度体系，例如通过产业政策、财税政策、价格政策等刺激消费者产生绿色消费意愿与行为；建立健全技术、产品、质量等标准体系，不断提高产品与服务质量；通过检查、监督和管理创建一个公平、公开、公正的市场，保证市场有序运营。

在需求侧，政府要发挥主导作用，创建绿色消费的政策体系；企业要发挥主体作用，为社会提供绿色产品与服务；两者共同作用，引导消费者转变消费理念，培养绿色的生活方式，做出绿色消费行为。

04 我国实现碳中和目标的对策建议

碳中和目标的实现既给我国带来了挑战，也带来了机遇。在实现碳中和目标的过程中，新能源、储能、零碳和负碳技术排放等行业将得到快速发展，为我国高质量发展平添助力。为了在2060年实现碳中和目标，我国需要做好以下工作：

◆推动与完善碳中和顶层设计

我国在规划社会发展目标时必须将碳中和列为一个重要目标，完善与气候变化相关的法律法规，加强相关理念的教育与宣传，让实现碳中和成为社会行动共识。

一方面，我国要建立跨部门协调机制，包括资源部门、环境部门、能源部门、工业部门、建筑部门、农林部门、交通部门等，鼓励这些部门相互协作，推动各领域科技创新及技术成果推广，提高节能减排效果；另一方面，从最高政策层面做好碳中和科技创新设计，编制碳中和科技创新发展规划。

在这个过程中，相关部门要对我国"2030年实现碳达峰，2060年实现碳中和"的目标进行统筹考虑，与短期经济复苏、中期经济结构调整、长期经济发展转型需要相结合，制定"两步走"方案。第一步是控制二氧化碳达峰增量；第二步是储备碳中和减排技术，做好关键技术攻关，不断提升低碳/零碳产业的竞争力。同时，我国要面向"十四五"时期的总体发展规划，围绕脱碳、零碳和负碳排放技术的发展加快编制相关规划，统筹布局，积极推进变革性技术研发与战略性技术储备。

2060年实现碳中和，对于我国来说时间比较紧迫，必须从"十四五"开始布局，在之后的五年规划中都要制定阶段性的减排目标。除此之外，政府还要出台相关政策，引导国有能源企业在碳中和领域积极布局，充分发挥国有企业资金与技术等方面的优势，鼓励国有企业成为新能源体系的重要参与者，为碳中和目标的实现做出重要贡献。

◆推进能源技术和产业革命

目前，世界各国都在轰轰烈烈地开展新一轮能源技术和产业革命，在此形势下，脱碳成为产业格局竞争的重要手段。为了实现深度脱碳，在国际竞争中抢占优势地位，我国必须紧跟时代发展潮流，推动能源革命与产业、技术革命。为此，政府需要建立健全能源科技创新政策，鼓励相关企业与机构聚焦电力、交通、工业等高碳排放行业，研究零碳与负碳技术，实现技术与产业链创新。当然，因为技术变革速度太快，变革方向具有很大的不确定性，所以未来我国要持续加大在新兴技术研发领域的投入。具体措施如表3–1所示。

表3–1 推进能源技术与产业革命的四大措施

切入点	具体措施
技术层面	围绕脱碳、零碳和负碳排放技术以及绿色氢能、高比例可再生能源电网、CCUS等关键技术制定技术发展路线图，明确技术发展路径、关键节点与资金需求，将整个行业及市场的力量整合到一起，鼓励产学研等机构相互协作，促使技术研发成果落地应用
机构层面	对于优秀的科研机构与团队，政府要从各个层面加大支持力度，建立健全支持机制，创建国家重点实验室和技术创新中心，筹建科技信息资源平台，推进资源共享，为技术创新提供强有力的硬软件支持
政策与工具层面	相关部门围绕技术创新出台的各项政策要与金融市场工具相互协同，与国家碳市场建设、绿色金融体系建设等相结合，推动碳减排交易和绿色减排技术应用齐头并进，采用市场化手段鼓励企业节能减排，为低碳创新型企业的发展创造良好的条件
标准层面	我国要积极建立脱碳、零碳和负碳排放技术标准，与国际主流标准对接，避免在未来的发展中受到碳关税的不良影响。同时，我国要加快相关技术成果的转化应用，扩大应用范围

◆运用政策手段激励绿色低碳转型

为了实现碳中和目标，各国出台了很多政策，这些政策覆盖了法律、财税、市场、投融资等方方面面的内容。在此形势下，我国各部门要相互协作，利用各种政策工具推动经济实现绿色低碳转型。具体措施如表3–2所示。

表3–2　利用政策手段激励绿色低碳转型的四大措施

措施	具体内容
建立健全绿色低碳法律体系	一方面，我国要尽快完成碳中和立法，赋予碳中和目标一定的法律效力；另一方面，我国要对节能法、可再生能源法、循环经济促进法等法律法规进行修订，促使其不断完善
完善财税、价格等政策	从财政、税收和价格政策等方面对低碳产品、绿色建筑、新能源汽车、节能改造、可再生能源等产品和技术进行激励，对绿色基础设施建设产生积极的推动作用
充分发挥市场的作用	全面推进碳市场建设，完善碳定价机制，不断扩大碳交易主体的范围
建立绿色金融体系	我国要吸收借鉴国外的经验，探索建立低碳公平转型基金，为行业企业与地方经济的低碳转型提供资金支持。同时，我国要建立健全绿色金融体系，将绿色信贷与绿色债权纳入政策担保范围，引导金融机构在低碳经济、碳中和领域积极布局

◆加强绿色低碳国际合作

截至2021年1月，全球有127个国家提出了碳中和目标。作为碳排放大国，我国碳中和目标的提出必将对全球气候治理产生重要影响。围绕气候问题、能源问题展开国际合作，不仅可以提高我国在国际社会上的地位，而且可以学习、引进其他国家先进的零碳以及负碳技术，也可以将我国先进的节能减排技术与其他国家分享，实现互惠互利，共同应对气候变化。具体措施如表3–3所示。

表 3–3 加强绿色低碳国际合作的三大措施

措施	具体内容
与西方发达国家保持良好的技术交流与合作	碳中和不是一国之事，事关全球的可持续发展，因此我国可以以碳中和为纽带加强与发达国家的技术交流与合作，充分利用脱碳转型的契机扩大合作范围，从技术创新、能源转型、气候政策、产业升级等多个层面加强合作
与其他发展中国家开展技术交流与合作	我国要借助“一带一路”发展战略、“南南合作”等平台，与发展中国家分享绿色低碳/脱碳技术，在国际社会上树立绿色“一带一路”的良好形象
坚持并促进多边主义合作	我国要通过一些国际组织与平台，例如《联合国气候变化框架公约》（UNFCCC）、清洁能源部长级会议（CEM）、创新使命部长级会议（MI）等，推动世界各国围绕脱碳、零碳和负碳排放技术开展合作，建立碳中和技术创新联合研究和知识共享机制，推动全球共同实现碳减排、碳中和

第二部分

科技赋能篇

第4章 科技创新：实现碳中和愿景的核心基石

01 科技创新：实现碳中和的关键

气候变化是一个全球性问题，应对气候变化不是一国之事，也不是一国之责任，事关国内、国际两个大局。为了应对气候变化、推进生态文明建设、积极参与全球治理，我国“十四五”规划明确提出“制定2030年前碳排放达峰行动方案”，进一步彰显了我国节能减排、应对气候变暖的决心。

从现实情况看，仅通过减少煤炭、石油等化石能源的使用来减少二氧化碳排放，很难实现碳达峰、碳中和。为了实现这一目标，我国必须从科技层面切入，鼓励碳减排等技术创新，明确技术发展方向，重新规划技术布局。

首先，二氧化碳减排力度将大幅提升。“国家自主贡献”① 目标要求

① “国家自主贡献”是各方根据自身情况确定的应对气候变化行动目标，是巴黎气候协议的组成部分。

相对排放基准线的碳强度降低，想要实现碳中和，必须实现碳排放与碳汇相抵，对脱碳、零碳、负碳排放技术等提出了巨大的需求。

其次，能源供给侧与消费侧将发生巨大改革。一方面，工业、交通、建筑等能源消费部门要积极响应；另一方面，电力企业、燃料企业等能源供应企业要积极调整，创建负碳电力系统与零碳能源体系，利用先进技术对工业流程进行重塑，实现“近零排放”。

最后，经济社会发展既要保证能源资源安全，满足可持续发展目标，又要实现减排目标，因此必须实现区域、行业和整体的系统优化与集成，对经济社会的发展模式进行调整。

科技创新是实现碳中和目标的重要保障。近两年，国务院出台了很多应对气候变化的政策，政策中都着重提及了“科技创新”。例如，2021年1月环境部发布的《关于统筹和加强应对气候变化与生态环境保护相关工作的指导意见》指出，要“积极推动重大科技创新和工程示范”“加强气候变化领域科技创新的能力建设、支持力度”等。为了响应党中央、国务院节能减排、实现碳中和的目标，地方政府与相关企业纷纷制定发展规划，拟定实现碳达峰与碳中和的各种路径，将相关科技创新作为实现碳中和目标的重要组成部分。

◆从短期看，想要平衡经济发展与碳约束之间的矛盾必须借助科技的力量

目前，我国正处于转变经济发展方式、优化经济发展结构、转换经济增长动力的关键时期，面临着结构性、体制性、周期性问题，这些问题的影响在短期内将持续深化，再加上新冠肺炎疫情的影响，未来几年，我国要面临较大的经济下行压力。

与此同时，随着经济社会不断发展，工业化、城市化进程不断加快，能源资源的消耗持续增加，二氧化碳等温室气体的排放量也将持续增加。如果我国为了降低碳排放，在短期内大幅调整能源结构与产业结构，或者大幅降低能源供应量，会对我国经济发展造成严重不良影响。为了在不影响经济发展的前提下实现碳中和，我国必须将目光转向科技领域，通过科技创新提高可再生能源在能源结构中的占比，减少交通、建筑等重点行业的碳排放，提高能源利用效率，改善制造工艺，用天然气等相对清洁的能源替代煤炭、石油等高污染能源。

◆从中期看，经济低碳发展或者脱碳发展仍要依赖科技

在碳达峰、碳中和的背景下，我国碳排放空间被大幅压缩，无法再走高消耗、高排放的传统工业化道路，只能依靠科技创新发展低碳经济，转变经济发展方式，实现碳中和目标。我国要转变经济发展方式，必须改变传统的产业布局，大力发展技术密集型低碳产业，对传统高碳产业进行升级改造，在技术的支持下，促使经济发展模式由要素驱动向创新驱动转变，利用科技创新推动产业结构转型升级，根据市场需求推进技术研发，推进应对气候变化与低碳科技协同创新，避免高碳产业锁定，推动经济实现低碳或脱碳发展。

◆从长期看，科技创新会直接影响我国在全球低碳市场上的影响力与竞争力

为了应对气候变化，世界各国都在积极推进低碳转型，在此形势下，低碳核心技术研发能力与储备、产业结构绿色转型是判断一国核心竞争力的关键。目前，西方发达国家都在碳中和相关技术领域积极布

局，提高了全球贸易市场的准入门槛。

例如，欧盟提出要在2050年实现碳中和，之后又将2030年的碳减排目标提高了20%，即从比1990年减少40%提升到60%。与此同时，欧盟利用《欧洲绿色新政》积极推进绿色低碳技术研发，明确从2022年开始实施碳边境调节税。在此形势下，我国必须提前规划碳中和实现路径，加快推进碳中和相关的技术创新，在未来的国际竞争中抢占绝对优势。

02 碳中和愿景下的科技需求

从全球看，我国碳排放量高居世界第一，是美国的2倍多，是欧盟的3倍多。因此，相较于其他国家来说，我国在减少碳排放方面，比发达国家面临更严峻的挑战和艰巨的任务。除了用清洁能源代替煤炭、石油等化石能源外，我国还要大力发展低碳或脱碳技术，在技术辅助下减少二氧化碳排放。

根据国家能源局公布的数据，2020年，我国二氧化碳排放总量约97.1亿吨，相比2019年减少了17.9亿吨，人均碳排放大约6.9吨，虽然相比往年有所下降，但仍比全球平均水平高很多。虽然我国已经提前完成了碳减排目标，即比2005年减少碳排放40%~45%，但相较于大多数发达国家来说，我国的碳排放水平依然很高，在二十国集团（G20）中仅次于南非。

导致我国碳排放强度比较高的原因有两点：一是在我国的能源结构中，煤炭占比居高不下。据统计，在我国的一次能源消费中，煤炭消费占比大约为57%，比全球平均水平33%高很多。二是在我国的产业结构中，重工业占比较大。作为“世界工厂”，全球超过56%的钢铁、55%的水泥出自我国，这些行业的碳排放量非常高，而且很难实现净零排放。

◆我国碳中和目标实现时间短、难度大，快速深度减排需要提前做好技术储备

相较于发达国家，我国实现碳中和的时间更短，必须充分发挥科技的作用。根据规划，从2030年碳达峰到2060年碳中和只有30年时间，而发达国家从碳达峰到碳中和至少用了45年，甚至耗费了更长时间。为了如期实现碳中和，我国必须在2030年之前实现碳达峰，而且要尽可能地降低峰值。碳达峰实现的时间越早、峰值越低，后期的减排压力越小，实现碳中和所用的时间越短。

很多发达国家的经济发展已经与碳排放脱钩，我国还没能实现这一点。因此，在发展低碳经济、推动传统产业脱碳的同时，我国还要兼顾经济发展，处理好碳排放约束与社会经济发展需求之间的关系，为经济发展注入新动能。为了降低后期的减排压力，我国要提前对碳中和实现路径进行部署，做好相关技术研发，利用先进技术实现高质量的碳达峰，满足快速减排需求。

◆现有减排技术供给不足，难以支撑我国实现碳中和目标

近年来，为推动节能减排和绿色低碳技术发展，我国出台了很多激励政策，推出了很多科技项目，加大了在低碳/脱碳相关技术领域的投入，并积极寻求国际合作，在关键技术领域取得了重大突破，在颠覆性

技术超前理论研究方面也取得了不错的成果。但仅依靠现有的低碳、零碳和负碳排放技术，我国很难在2060年实现碳中和。

文献计量分析显示，在零碳及负碳排放关键技术领域，我国发表的论文数量仅次于美国，位居世界第二，但单篇论文被引频次只有美国的1/3，在发文量排名前十的国家中排名倒数第一。而且从关键词看，全球对负碳排放技术的研究热度很高，我国稍显不足。为解决减排技术供给不足问题，我国要提前对技术研发领域的供给结构进行调整，明确碳中和对相关技术的需求，对相关技术布局进行优化。

03 碳中和技术的发展目标与路径

我国碳中和技术发展的总体目标是为碳达峰、碳中和目标的实现提供切实可行、成本可控的技术支持。根据我国2030年实现碳达峰，2060年实现碳中和、2035年之前碳排放稳中有降的规划与目标，我国碳中和可以分为四个阶段来实现，分别是达峰期、平台期、下降期以及中和期。我国要根据不同阶段的碳排放特征与减排需求对减排技术进行部署，如表4–1所示。

表4–1 不同阶段碳减排技术的部署方案

阶段	具体措施
达峰期	碳达峰不能以损害经济社会的高质量发展为前提，必须兼顾经济社会发展。在这个阶段，各行各业要推广应用减排技术，提高可再生能源技术的占比，促使能效技术的潜力得到进一步释放，同时要提前对碳捕集、利用与封存（CCUS）技术，生物能结合碳捕获和封存（BECCS）技术等进行有序部署，以减轻碳减排压力，按规划实现碳达峰

续表

阶段	具体措施
平台期与下降期	努力让经济发展与碳排放脱钩，让碳排放显著下降，同时要积极发力碳中和技术，对一些技术进行推广应用，让能源系统的碳排放逐渐趋近于零。在这个阶段，能效提升技术在减排方面的作用越来越小，碳减排的关键在于推广应用脱碳、零碳技术，促使脱碳燃料、原料和工艺大规模替代化石燃料与传统工艺，对负碳排放技术进行试点应用等
中和期	在这个阶段，我国社会主义现代化强国建设取得重大进展，绿色低碳的经济社会发展方式基本形成，碳中和技术处于世界领先地位，脱碳、零碳和负碳排放技术实现了大规模推广应用，为碳中和目标的实现提供强有力的支持

在我国各行业中，电力、工业、建筑和交通等行业的碳排放占比极高，这些行业需要根据自身的碳排放结构与发展的特异性选择所需的碳中和技术，同时减少非二氧化碳气体的排放，让整个社会实现零碳发展。

◆电力部门

想要在2060年实现碳中和，电力部门必须做好减排工作。为了实现碳达峰，电力部门必须提高能效，扩大可再生能源的利用规模。在这个过程中，对于电力部门来说，如何保证高比例非化石能源电力系统的安全性和灵活性是一大挑战。为了解决这一问题，电力部门要积极引入各类减排技术与需求侧响应技术。随着电力系统的二氧化碳排放趋近于零，电力部门的减排不再依赖能效提高技术，开始将重点放在可再生能源及核能发电技术推广、CCUS技术和BECCS等负碳排放技术推广应用上。

◆工业部门

工业部门的能耗高，碳排放也高，是碳减排的重点。在目前的技术条件下，工业部门想要实现碳达峰，必须采用相关技术减少能源消耗，提高产品的利用率，减少社会大众对工业产品的需求。未来，工业部门要积极革新生产工艺，开发可以替代传统原料的绿色原料，积极引进CCUS技术。随着各项技术不断成熟，其在碳减排方面的占比将发生一定的改变，主要表现为节能技术的贡献会逐渐下降，节材技术、工业原料替代、工艺革新与CCUS技术的贡献会不断提升，成为碳中和领域的主要贡献技术。

◆建筑部门

目前，建筑部门的碳排放开始进入平台期，零碳解决方案逐渐成熟，可以率先进入去峰期实现近零排放。在2030年之前，建筑部门的碳减排主要依赖服务需求减量技术以及效率提升技术来实现。在这个阶段，建筑部门要对包括建筑电气化、光伏建筑一体化等技术在内的可以调整能源结构与可再生能源利用的技术进行提前部署。对于建筑部门来说，优化能源结构是实现近零排放的主要途径。未来，建筑部门可以利用建筑负荷柔性化技术对建筑负荷曲线进行调节，减小对电网的冲击，为未来高比例可再生电力发展提供强有力的支持。为此，我国要在这方面做好技术攻关，在2035年之前将这一技术推广应用。

◆交通部门

交通部门的碳减排虽然潜力巨大，但难度也极高，即便在交通运输规模已经基本稳定的发达国家，也很难实现碳中和。交通行业想要尽早实现碳达峰，必须发展公共交通，优化运输结构，提高能源利用效率，推广应用生物柴油燃料技术等燃料替代技术以及交通用能供需匹配技术，缓解交通部门的供需矛盾。交通部门的碳排放很难达到零，即便进入碳中和阶段，航空与远洋航海依然会产生碳排放，需要采用一些技术进行中和。

现阶段，我国碳中和的重点在二氧化碳减排领域，在一定程度上忽略了对非二氧化碳气体减排与管控技术的研究。现阶段，想要让非二氧化碳气体进入减排期，必须完全消除相关需求，或者用清洁的能源代替原有的需求，未来可以采用煤层气回收、工业部门尾气排放催化分解处理等末端回收和处置技术，让非二氧化碳气体实现近零排放。预计到2060年，仍然有部分非二氧化碳气体产生，需要采用一些技术进行中和。

04　未来零碳技术的突破方向

“十四五”时期是实现碳达峰与碳中和目标的关键期，需要对脱碳、零碳技术进行全面部署，积极推进零碳、负碳排放技术研究。具体来说要做到五点，如图4–1所示。

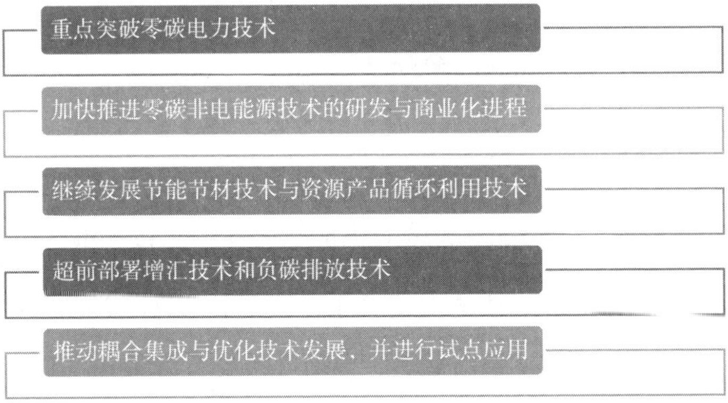

图4–1　推进零碳、负碳排放技术研究的五大措施

（1）重点突破零碳电力技术。通过提高非化石能源在一次能源结构中的比重，积极研发储能、智能电网、虚拟电厂等技术，降低技术的应用成本，实现大规模应用，同时构建水、风、光等资源利用—可再生发电—终端用能优化匹配技术体系，做好相关技术研发，保证高比例可再生能源电网运行的灵活性与稳定性，推动工业、交通、建筑等行业尽快实现电气化，最终满足能源生产消费方式深度脱碳转型需求。

（2）加快推进零碳非电能源技术的研发与商业化进程。积极推进化石能源制氢+CCUS等“蓝氢”技术、可再生能源发电制氢规模化等“绿氢”技术的研发与推广，同时提前部署其他氢能制备技术，推动生物质能、氨能等其他零碳非电能源技术发展，促使氢能、氨能、生物质能等与工业、交通、建筑等行业实现深度融合。

（3）继续发展节能节材技术与资源产品循环利用技术。积极研发新材料、新技术，推动现有节能技术与设备不断升级，提高能源的精细化管理水平以及能源利用效率，优化钢铁、水泥等基础材料的性能，推动它们实现绿色转型，减少钢铁、水泥、化工等产品的需求量，提高这些材料的利用率，积极推进电能替代、氢基工业、生物燃料等技术的研发与应用，包括氢能炼钢、电炉炼钢、生物化工制品工艺等，加速推进以二氧化碳为原料的化学品合成技术研发。

（4）超前部署增汇技术和负碳排放技术。积极推进CCUS关键技术、BECCS、直接空气捕集（Direct Air Capture，DAC）技术及工业、电力等领域的集成技术研发，对太阳辐射管理等地球工程技术进行全面探索，对其综合影响进行评估，大力发展农业、林业草原减排增汇技术，海洋、土壤等碳储技术，海洋蓝碳技术等，推动这些技术实现推广应用。

（5）推动耦合集成与优化技术发展，并进行试点应用。碳中和目标的实现需要能源体系实现零碳转型升级，工业产品实现绿色低碳发展，各终端消费部门实现近零排放。为了实现这一目标，相关部门与行业要时时关注脱碳、零碳和负碳排放技术的发展，对这些技术的发展进程进行科学评估，促使不同技术单元实现集成耦合，各项技术的减排潜力得到充分释放，与非二氧化碳气体的减排相配合，推动社会经济全链条实现低碳或者脱碳发展。

第5章 绿色生活：社会治理与生活方式的变革

01 绿色消费：节约资源，低碳生活

在整个碳排放流程中，消费是最后一环。我国想要如期完成碳达峰、碳中和目标，必须聚焦消费端，从亿万民众的普通生活着手，让碳减排理念深入他们的日常生活与消费，改变传统的生活方式与消费行为。

某研究机构对欧洲居民日常消费过程中产生的碳排放进行调查研究发现，在所有因消费产生的碳排放中，交通运输占比30%，餐饮占比17%，家庭生活占比22%，家居及生活用品占比10%，衣服占比4%。由此可见，在消费端的碳排放中，吃、住、行三个环节的碳排放占比较大。下面，我们对饮食、家居这两个最有可能实现碳减排的环节进行重点讨论。

◆绿色饮食

在其他条件不变的情况下，在居民的饮食结构中，素食产生的碳排放远远低于肉食。其原因主要在于动物在成长过程中对食物的利用率比

较低，会造成一定程度的浪费，再加上动物会排放甲烷类气体，最终造成较高的碳排放。即便同为肉类，牛肉、羊肉在生产过程中产生的碳排放大约是鸡肉、猪肉的4倍。

在西方国家的饮食结构中，肉类占比极大，肉类消耗所产生的碳排放在饮食碳排放中的占比达到了56.6%。而在中国人的饮食结构中，小麦、水稻等主食占比较大，肉类占比较小，肉类消耗所产生的碳排放在饮食碳排放中的占比大约为36.6%。

据预测，随着膳食结构优化调整，到2030年，仅饮食习惯就可以减少6621万吨的碳排放，对碳达峰、碳中和目标的实现具有重要的促进作用。

◆杜绝浪费

目前，在消费端，食物浪费现象非常严重，尤其是宴请、聚餐等场景。根据《中国城市餐饮食物浪费报告》，朋友聚餐每餐每人浪费食物大约为107克，商务宴请平均每餐每人浪费食物大约为102克，浪费率极高。另外，食物浪费还与餐厅规模有关，大型餐厅平均每餐每人浪费食物132克，比平均水平要多93克。相比之下，小型餐厅与快餐店的食物浪费要少很多，平均每餐每人浪费食物分别为69克和38克。

◆绿色家居

根据国际能源署的统计数据，在居民日常生活的碳排放中，家庭生活的碳排放占比超过了20%。家庭生活的碳减排没有统一的方案，一方面要依靠碳减排技术的发展、能源结构的改善；另一方面需要居民养成绿色消费习惯，逐渐减少碳排放。

密歇根州立大学研究表明，随着房屋节能改造、家电更新维护、晒干代替烘干、降低热水温度等绿色生活方式不断推行，家庭生活的碳排放可以减少15%。另外，做好垃圾分类也有利于碳减排。

◆支持环保

未来，随着居民的环保意识不断增强，消费模式不断改善，也有助于减少碳排放，实现碳中和的目标。

例如，减少外卖包装消费。目前，我国的外卖市场仍处在高速发展阶段，2020年中国在线外卖市场规模为6646.2亿元，同比增长15%。[①]大部分外卖包装盒、包装袋是一次性的，用完即弃，造成了严重的环境污染，是餐饮行业碳排放的重要来源。如果用可以重复使用的包装袋取代一次性塑料袋，就可以极大地减少环境污染，减少碳排放。

在外卖包装中，塑料是最主要的包装材料。美团外卖调查发现，在外卖餐盒和包装袋中，塑料材质占比超过了80%，其中大部分为聚丙烯和聚乙烯等普通塑料。目前，在外卖包装废弃物处理方面，我国还没有形成完整的链路，常用的处理方式就是焚烧、填埋，这个过程会排放大量的二氧化碳。虽然目前我国已经出现了一些可降解的包装材料，但因为相关技术不成熟，成本较高，导致这些材料还没有实现大规模应用，外卖包装污染问题亟须通过其他方式予以解决。

除此之外，居民还可以减少一次性筷子、一次性纸杯的使用，多购买电子书等。随着居民的环保意识不断增长，日常生活产生的碳排放必将大幅下降，为碳达峰、碳中和目标的实现提供助力。

---

① 数据来源：艾媒数据中心。

02　绿色经营：循环利用，提质增效

企业在节能减排方面也有很大的发力空间，包括产品创新、提效降耗、回收利用等，可以引导居民绿色消费，释放绿色消费在碳减排方面的规模效益，对碳达峰、碳中和的实现产生积极的推动作用。

◆产品创新

产品创新可以在一定程度上减少家庭能源消费。我国家庭能源消费以电能、天然气、煤炭为主，其中电能的消耗量最大。随着家用电器越来越多，家庭生活的用电量不断增长。因此，想要减少居民用电的碳排放，关键在于优化电能结构，大力发展风能、太阳能、水电等清洁能源发电，提高清洁电能在我国电能结构中的比重，减少煤电占比。

此外，家电生产行业可以提高家电能效标准，通过这种方式减缓家庭用电量的增长速度。一方面，我国家电生产企业要提高新家电的能效水平，尤其是空调、中央空调等用电量较大的电器；另一方面，家电企业、商家可以开展家电以旧换新活动，鼓励居民淘汰旧家电。因为家电使用的时间越长，平均能效水平就越低，单台家电的能耗就越高。

为了实现节能减排，家电行业推出了很多方案，例如使用变频技术提高空调、冰箱、洗衣机等家电的能效水平；使用太阳能热水器或者冷凝燃气热水器减少耗电量，提高能源利用效率；使用LED灯取代传统的节能灯、白炽灯，减少电能消耗等。在碳达峰、碳中和背景下，这类产品创新将越来越多。

◆提效降耗

在生产环节，原材料损耗也会带来较大的碳排放。以家具行业为例，家具行业利用智能制造技术，开展柔性化生产，可以极大地提高木材利用率，减少碳排放。

我国木材消耗量排名世界第二，减少木材消耗、提高木材利用率是减少碳排放、实现碳中和的重要举措。树木可以吸收二氧化碳，研究显示，一棵树一年可以吸收大约21.8公斤的二氧化碳。根据中国林产工业协会和前瞻产业研究院公布的数据，近十年，我国木材消费总量以173%的速度增长，其中家居家装领域的木材消耗占比持续升高。在家居家装领域的木材消费结构中，占比最高的是人造板，大约为32.99%，实木类家具占比大约为3%。由此可见，家具行业提高木材的利用率，使用其他材料代替木材，可以有效减少碳排放。

◆回收利用

回收利用是一项有效的碳减排措施，需要政府、企业、居民共同参与，这里我们主要讨论产品包装以及快递包装的回收利用。想要对产品包装进行回收利用，先要优化产品包装，而这需要生产企业积极参与。

首先，优化产品包装要减少塑料使用。《自然气候变化》发布的一份研究显示，如果塑料产量的增长率降至2%，到2050年，塑料制品的碳排放可以减少56%。随着新型可降解塑料产品快速发展，在产品包装领域广泛应用，可以有效减少消费端的碳排放。

其次，优化产品包装要做到减少过度包装。我国很多行业都存在过度包装问题，例如茶叶、白酒、月饼等。以白酒为例，近几年，随着消费者消费理念的转变，光瓶酒取代盒装酒，玻璃瓶取代陶瓷酒瓶成为主流趋势。微酒调研发现，2016—2020年，我国光瓶酒市场规模复合增速达到了20%，预计未来五年，光瓶酒市场规模将保持15%的增长速度。

光瓶酒取代盒装酒、玻璃瓶取代陶瓷瓶可以有效减少白酒外包装生产过程中的碳排放。相较于陶瓷瓶来说，玻璃瓶回收更简单，因为碎玻璃的熔化温度低于新制玻璃所需温度，而且更易于重新造型，整个过程产生的碳排放相对较少。

废弃物回收再利用可以直接减少碳排放，因为相较于重新制造以及废弃物填埋所产生的碳排放来说，废弃物回收再利用产生的碳排放更少。研究表明，每回收1吨废弃物，最多可以减少8.1吨的碳排放。当然，材料不同，回收再利用的碳减排效果也不同。对于塑料来说，分类回收可以提高回收再利用的效率，将单位碳排放减少50% ~100%。

电商、快递行业的快速发展给人们的生活带来了诸多便利，但快递包装造成了不小的环境污染，给城市清运带来了一定的挑战。目前，具体来看，快递包装主要面临着以下问题：回收率较低、过度包装、二次包装、可降解塑料利用率低。为了解决这些问题，可以采取四大措施，分别是包装减量（Reduce）、重复使用（Reuse）、回收利用（Recycle）和使用可降解塑料（Degradable），这些措施简称3R1D。

- 包装减量：指的是在不损害包装对产品的保护作用的前提下尽量减少包装材料的用量，例如电商快递减少二次包装，2025年所有电商快递都要做到不进行二次包装，还可以利用智能包装算法提高包裹的填充率，减少包装体积。

- 重复使用：指的是包装材料要具备多次使用的功能，尽量不使用一次性材料，例如使用循环快递箱和循环中转袋。根据邮政局的统计，2019年，我国投入使用的循环快递箱有200万个，预计到2025年将达到1000万个。

- 回收利用：指的是对快递包装材料进行回收，通过加工将其转变为新的快递包装材料，例如瓦楞纸回收再造纸浆等。

- 使用可降解塑料：利用可降解塑料代替一次性塑料，例如使用以植物淀粉为原料的淀粉基塑料和聚乳酸PLA，减少塑料回收处理产生的碳排放。

03　绿色城市：探索低碳增长新路径

在碳达峰、碳中和背景下，绿色低碳发展是城市发展的主流趋势。地区发展水平不同，碳排放程度不同，资源禀赋不同，选择的绿色低碳发展路径也不同。因此，各地区要根据自己的实际情况，制定绿色低碳发展方案。

◆推动资源型城市可持续转型

过去几十年，在以资源产业为主要驱动力的发展模式下，一些资源型城市实现了快速发展，但这类城市的发展严重依赖资源部门，产业结构单一，而且不太重视创新。随着资源枯竭，这些城市也逐渐失去了发展动力，而且要应对不断恶化的环境问题。推动这类城市实现绿色低碳发展，可以从以下两个方面着手：

（1）构建资源型城市转型的长效机制。资源型城市的转型发展要经历一个漫长的过程，因此政府要建立长效发展机制，包括资源开发补偿机制、替代产业发展的扶持机制等。为了推动替代产业快速发展，政府还可以设置专项基金，尽快完成对传统资源类产业的替代。

（2）实施绿色投融资政策，推动传统产业链改造升级。资源型城市要合理利用投融资政策，积极引进绿色投资，并为致力于绿色创新的企业提供便捷的融资服务，积极探索绿色金融，不断完善绿色金融项目标准及评估办法。

◆创新制造业城市绿色发展模式

制造业的能源消耗非常大，在碳中和背景下，制造业在节能减排方面要完成一些硬性指标。国内的制造业城市以传统产业为主，企业同质化程度较高，产品以低端产品为主，在绿色创新方面的投入不足，创新要素无法实现有效集聚，绿色发展政策不统一，再加上执行统一的环境标准，对城市绿色低碳发展造成了严重制约。具体来看，制造业城市想要实现绿色低碳发展必须从以下两个方面着手：

（1）推进转型升级突破，建设生态绿色园区。在碳中和的背景下，我国制造业城市要根据城市的产业布局，推动传统产业与战略产业相互融合，出台更多支持政策，加快技术升级，推动产业结构调整，从资源驱动转向知识驱动、技术驱动，降低低端产品在产品结构中的比重，提高高端产品的占比。

（2）完善绿色政策制定，推动创新要素集聚。制造业城市要严守生态环境保护红线，禁止执行“一刀切”的环境标准，发布可行性较高的政策，加大对战略性新兴产业、现代服务业、环境友好成长型企业的扶持力度，既要优化服务，又要加强监管，既要注重引导激励，又要做好约束惩戒，推动制造企业实现绿色低碳发展。

◆实现生态型城市生态价值

在应对气候变化方面，生态资源发挥着重要作用。但因为生态资源处于流动状态，具有跨区域的特点，无法对产权归属做出明确界定，也无法明确受益主体，导致生态产品市场建设缺乏足够的内在动力。再加上生态交易体系不完整、产权初始分配不公、市场化程度不高等，导致能够进入交易市场的生态产品或服务比较少，对生态城市生态资源价值的实现造成了一定的制约。具体来看，生态型城市生态价值的实现可以从以下两个方面着手：

（1）完善产权制度建设，尽快实现生态产品的价值。完善生态交易体系，建立健全生态产品经营及交易制度，加快推进生态资源资产产权制度建设与完善，让生态资源可以和普通产品一样进入市场，按照市场规律实现价值，提高生态产品的供给水平。对于生态产品来说，生态功能是其实现价值的重要基础，包括维护生态安全、创造良好的生态环境等。从某种意义上说，生态产品是典型的公共产品，其价值的实现需要强力的政府引导。

（2）加大生态创新力度，提高生态价值。生态型城市想要实现生态创新，需要从市场、技术、环境三个层面着手，做好技术推动、市场拉动与环境治理，加快不同行业间跨产业生态技术的创新应用，解决制约跨产业平台生态创新技术推广应用的各种难题。

04　ESG体系：开启社会治理的变革

ESG中的E指的是Environmental，即环境；S指的是Social，即社会；G指的是Governance，即治理。ESG体系是一种投资理念与企业评价标准，与企业环境、社会、治理绩效息息相关，可以科学评估企业对经济、社会发展所做的贡献。

在ESG体系的引导下，企业可以从追求自身利益最大化转向追求社会价值最大化。使用ESC体系对企业进行评估，表现较好的企业一般具有以下特征：能够对目前及未来的经济、环境、风险进行有效管理，关注发展质量，注重创新，在生产经营的过程中始终将环境保护放在重要位置，努力探寻低碳发展道路，创造竞争优势，实现长期价值。在ESC体系的引导下，我国家电企业走上了绿色低碳的发展道路，在节能减排、废物利用方面取得了显著成绩。

◆家电：推动完善节能补贴与回收制度

节能补贴可以有效提高高能效家电产品的市场占比。以家用空调为例，2009—2013年，为了提高家用空调的能效，国家出台了两轮补贴政策，并且两次提升家用空调的能效标准，推动高效能的家用空调走进了千家万户。

2021年2月10日，商务部印发《关于做好2021年绿色商场创建工作的通知》，提出“扩大节能家电及绿色产品销售，促进绿色消费”的要求。适度的节能补贴有利于实现这一目标，可以扩大高能效产品的消费，改善家电产品的能效结构，对家电产品节能减排产生积极的推动作用。

◆家具：推动森林资源可持续利用

在树木砍伐、木制品生产方面，欧美国家有非常严格的监管措施，并制定了比较规范的法律法规，以保证森林资源的可持续利用。我国要学习借鉴欧美国家的这一做法，家具行业要提高木材的利用率，同时积极寻找可替代材料，减少木材使用。

- 引入全球性的认证，例如FSC森林认证，对林业生产各环节进行规范，引导消费者购买标准化的林产品，通过这种方式规范森林经营，解决过度砍伐问题，推动实现森林资源可持续利用。
- 学习欧美国家出台相关的法律法规，例如美国的《雷斯法案修正案》、欧盟的《欧盟木材及木制品规划》等，要求家具企业提供木材来源的合法性材料，对非法交易的木制品给予严厉处罚。

◆商品包装：综合治理势在必行

为了规范商品包装，遏制过度包装风气，我国各部委出台了很多规范，例如2014年国家质量监督检验检疫总局、国家标准化管理委员会发布的《限制商品过度包装通则》，对包装成本、材质、设计等提出了明确要求。同时，各地方政府也针对商品包装出台了很多限制性法规。

近年来，中央及地方政府围绕减少塑料包装使用出台了很多政策。例如，2020年，国家发改委、生态环境部发布《关于进一步加强塑料污染治理的意见》，明确提出“到2020年底，直辖市、省会城市、计划单列市城市建成区的商场、超市、药店、书店等场所以及餐饮打包外卖服务和各类展会活动，禁止使用不可降解塑料袋”“到2025年，地级以上城市餐饮外卖领域不可降解一次性塑料餐具消耗强度下降30%”的要求。为了鼓励塑料包装回收再利用，厦门市于2020年7月发布“垃圾分类新规”，将一次性塑料餐盒、塑料袋等塑料包装归入“低值可回收物”，实现回收再利用。

减少塑料制品的使用可以有效减少碳排放，因此在碳中和的背景下，欧美等发达国家出台了越来越严格的限塑政策。我国可以借鉴欧美等发达国家的经验，对现有的限塑政策进行完善，建立严格的监督机制，完善塑料包装回收链路。

◆餐饮：提倡光盘行动与有机物再利用

近年来，随着国家宣传力度不断加大，餐饮企业开始关注餐桌浪费问题，并为减少餐桌浪费采取了很多措施。目前，在减少餐饮浪费方面，我国最主要的举措就是宣传教育。例如，印发《党政机关厉行节约反对浪费条例》，在党政机关内部开展“光盘行动”，引导干部职工按需点餐，减少浪费。随后，“光盘行动”推广至全国，通过播放宣传片、发放宣传材料等方式，让全体人民树立起减少餐饮浪费的理念，养成良好的点餐习惯。

第6章 CCUS技术：实现零碳排放的最佳路径

01 CCUS技术如何助力碳中和?

面对全球气候变暖问题，IEA在《世界能源展望报告》中提出了三点建议：一是发展清洁能源，二是提高能效，三是碳捕集与封存。其中，碳捕集与封存被联合国政府间气候变化专门委员会（Intergovernmental Panel on Climate Change，IPCC）视为应对气候变化的“终极武器”。IPCC指出，如果不借助碳捕集与封存技术，仅凭借发展清洁能源与提高能效，人类社会很难实现碳中和的目标。

碳捕集与封存是指将大型发电厂所产生的二氧化碳收集起来，采用各种方法储存，以免其排放到大气中的一种技术。目前，这项技术在推广应用方面面临着很多挑战，包括成本高、地质埋存面临着较高的生态环境风险等。因此，近几年，很多研究机构在努力探索二氧化碳封存和固定技术，试图引入新方法——CCUS，实现更彻底、更高效的碳捕获与封存。

具体来看，CCUS可以通过如表6-1所示的几种方式实现碳中和。

表 6-1　CCUS 实现碳中和的四种方式

方式	具体措施
解决现有能源设施的碳排放问题	CCUS可以对发电厂进行改造，减少碳排放。根据国际能源署估算，如果全球现有的能源设备不经过改造一直工作到“生命”结束，将产生6000亿吨的碳排放。以煤炭行业为例，煤炭行业的碳排放在碳排放总量中的占比接近1/3，全球60%的煤炭设备到2050年之前将继续保持运行，其中大部分设备位于我国。这类部门想要实现碳减排、碳中和，利用CCUS是必行之路
攻克工业领域碳减排的核心技术手段	因为天然气以及化肥生产领域的碳捕获成本较低，所以这两个领域是CCUS应用的主要领域。在其他重工业生产领域，作为一种高效且性价比较高的碳减排技术，例如在水泥生产领域，CCUS是碳减排的唯一技术手段；在钢铁生产与化工领域，CCUS是性价比最高的一种碳减排手段。CCUS的应用深度仍需拓展
在二氧化碳和氢气的合成燃料领域有重要应用	IEA将CCUS视为生产低碳氢气的两种主流方法中的一种。根据IEA关于人类社会可持续发展的设想，到2070年，全球氢气使用量将增加7倍，达到5.2亿吨。其中水电解产生的氢气占比60%，剩下的40%来源于CCUS。按照全球在2050年实现碳中和的设想，在未来几十年，世界各国将持续加大在CCUS领域的投入，投资规模至少要在当前规划的基础上增加50%
从空气中捕获二氧化碳	根据IEA预测，实现碳中和之后，交通、工业等部门仍会产生碳排放，总量大约为29亿吨，这部分二氧化碳要通过碳捕集、封存与利用来抵消。目前，已经有一些CCUS设备投入使用，但因为成本太高，还需要进行改进

02　CCUS的工作原理与实现路径

CCUS不是一项技术，而是一套技术组合，涵盖了从发电厂、化工企业等使用化石能源的工业设备中捕获含碳废气，对含碳废气进行循环利用，或者使用安全的方法对捕获的二氧化碳进行永久封存的全过程。在整个技术组合中，对含碳气体进行压缩和运输是关键环节。CCUS技术应用的主要过程与环节如表6-2所示。

表 6–2　CCUS 技术应用的主要过程与环节

环节		内容
捕集		将化工、电力、钢铁、水泥等行业利用化石能源过程中产生的二氧化碳进行分离和富集的过程，可以分为燃烧后捕集、燃烧前捕集和富氧燃烧捕集
运输		将捕集的二氧化碳运送到利用或封存地的过程，包括陆地或海底管道、船舶、铁路和公路等输送方式
利用与封存	地质利用	将二氧化碳注入地下，生产或者强化能源、资源开采过程，主要用于提高石油、地热、地层深部咸水、铀矿等资源采收率
	化工利用	以化学转化为主要手段，将二氧化碳和共反应物转化为目标产物，实现二氧化碳资源化利用的过程，不包括传统利用二氧化碳生成产品、产品在使用过程中重新释放二氧化碳的化学工业，例如尿素生产等
	生物利用	以生物转化为主要手段，将二氧化碳用于生物质合成，主要产品有食品和饲料、生物肥料、化学品与生物燃料和气肥等
	地质封存	通过工程技术手段将捕集的二氧化碳储存到地质构造中，实现与大气长期隔绝的过程，主要划分为陆上或水层封存、海水咸水层封存、油气田封存等

◆碳捕集技术

二氧化碳捕集技术可以分为三种类型，分别是燃烧前捕集、纯氧燃烧和燃烧后捕集，划分依据是对燃料、氧化剂和燃烧产物采用的措施的不同，如表6–3所示。

表 6–3　碳捕集技术的三种类型

碳捕集技术的类型	具体应用
燃烧前捕集	燃烧前捕集的成本相对较低，效率较高。燃烧前捕集的流程为：先对化石燃料进行气化处理，形成主要成分为氢气和一氧化碳的合成气；然后将一氧化碳转化为二氧化碳；最后将氢气和二氧化碳分离，完成对二氧化碳的收集。这项技术需要采用基于煤气化的联合发电装置（Integrated Gasification Combined Cycle，IGCC），导致碳捕集的成本较高，使用该技术投产的项目减少
纯氧燃烧	使用纯氧或者富氧对化石燃料进行燃烧，生成二氧化碳、水和一些惰性组分，然后通过低温闪蒸将二氧化碳提纯，提纯后单位容量内二氧化碳的浓度能够达到80%～98%，使二氧化碳捕集率得到了大幅提升

续表

碳捕集技术的类型	具体应用
燃烧后捕集	燃烧前捕集与富氧燃烧对材料、操作环境都有较高的要求，因此这两项技术在现实生活中应用得比较少。相对而言，选择性较多、捕集率较高的燃烧后捕集技术的应用范围较广，形成了三种比较常用的方法，分别是化学吸收法、膜分离法和物理吸附法。其中，化学吸收法的应用前景最广。在化学吸收中，胺类溶液凭借较好的吸收效果实现了广泛应用

◆碳利用和封存技术

目前，在碳利用和封存领域，地下封存、驱油和食品级利用是比较主流的应用方向。

（1）碳利用。借助CCUS—EOR（Enhanced Oil Recovery，强化采油）技术，企业可以将捕集到的二氧化碳注入油田，让面临枯竭的油田焕发生机，再次采出石油，同时还能将二氧化碳永远贮存到地下。这一技术通过降低原油黏度，增加原油内能，使原油的流动性大幅提升，同时增强了油层的压力。目前，在碳利用领域，利用二氧化碳制作化肥、食品级二氧化碳实现商业化利用等项目也已经比较成熟。

近年来，在碳利用领域，国外探索出了一些新方向。例如，荷兰和日本尝试将二氧化碳运输到园林用来强化植物生长；一些国家在二氧化碳制化肥、油田驱油、食品级应用等领域推出了很多示范项目；在二氧化碳制聚合物、二氧化碳甲烷化重整、二氧化碳加氢制甲醇、海藻培育、动力循环等领域积极探索应用路径；在二氧化碳制碳纤维和乙酸等领域加强理论研究；等等。

目前在我国，山西煤化所、大连化物所、中科院上海研究院、大连理工大学等机构对二氧化碳加氢制甲醇、二氧化碳加氢制异构烷烃、二氧化碳加氢制芳烃、二氧化碳甲烷化重整等碳利用方向进行积极探索，大多数技术正处于理论研究或者中试阶段。

（2）碳封存。完成二氧化碳捕集后可以将其通过泵送到地下或者海底进行长期存储，或者直接通过强化自然生物学作用在植物、土地和地下沉积物中存储。目前，碳封存技术主要包括两种类型，如表6–4所示。

表 6–4　碳封存技术的两种类型

类型	具体应用
对二氧化碳进行高压液化处理，将其封存到海底	据研究，在海平面下2.5千米的位置及以下，二氧化碳会以液态的形式存在。因为二氧化碳的密度比海水的密度大，所以这个区域会被作为海洋碳封存的安全区
将二氧化碳封存到地下	在地下0.8 ~ 1.0千米的位置，超临界状态的二氧化碳会以流体的形式存在，可以永久地封存在地下

03　CCUS技术的四大创新领域

未来，CCUS技术创新将围绕四个方面展开，分别是捕获、运输、利用和储存。

◆捕获方面的技术创新

主流的碳捕获技术有两种，一种是化学吸收，另一种是物理隔离。化学吸收分为两个环节，首先使用可以吸收二氧化碳的化学溶剂捕获含有二氧化碳的气体，然后进行提纯，将纯净的二氧化碳分离出来。现阶段，化学吸收法主要在发电厂和工业领域的CCUS设施中广泛应用。物理隔离指的是利用活性炭、氧化铝、金属氧化物或沸石等物质吸收二氧化碳，然后通过对温度、压力进行调节将纯净的二氧化碳释放出来。目前，物理隔离法主要在天然气厂广泛应用。

除了上述两种方法，还有一些方法处在探索阶段，包括膜分离技术、钙循环技术、化学循环技术等，是碳捕获技术创新的重要方向。碳捕获的五种技术如表6–5所示。

表 6–5　碳捕获的五种技术

技术	具体应用
化学吸收法	首先使用可以吸收二氧化碳的化学溶剂捕获含有二氧化碳的气体，然后进行提纯，将纯净的二氧化碳分离出来
物理隔离法	利用活性炭、氧化铝、金属氧化物或沸石等物质吸收二氧化碳，然后通过对温度、压力进行调节将纯净的二氧化碳释放出来
膜分离技术	利用有机聚合膜的渗透选择性，从气体混合物中分离出二氧化碳，是美国国家碳捕获中心、天然气技术协会、能源部能源技术实验室的研究重点，未来可能出现多种膜分离技术用于捕获与分离二氧化碳
钙循环技术	利用生石灰（CaO）作为吸附剂与二氧化碳发生反应形成碳酸钙（$CaCO_3$），然后对碳酸钙进行分解获得纯净的二氧化碳。因为生石灰可以循环利用，所以这种方法在钢铁、水泥生产等领域应用潜力巨大
化学循环技术	利用金属氧化物捕捉二氧化碳，该技术在煤炭、天然气、石油等领域有广阔的应用空间

综上所述，碳捕获的方法有很多，最大的问题在于如何根据二氧化碳的浓度、操作压力、温度、气体流速、设备成本等选择合适的碳捕获技术与方案。随着相关技术不断创新，碳捕获效率与水平将大幅提升，成本将大幅下降。

◆运输方面的技术创新

目前，二氧化碳的主要运输方式是管道运输，其次是船舶运输。该领域技术创新的主要方向是对现有的油气管道进行评估与改造，以降低二氧化碳的运输成本，因为改造管道的成本比新建管道的成本低很多。据IEA估算，改造管道的成本只有新建管道的1%~10%。现有油气管道改造的难点在于提高管道的抗压能力，因为二氧化碳运输对压强的要求要比石油或天然气高很多，为了保证运输安全，必须通过技术创新解决这一问题。世界二氧化碳运输管道系统如表6–6所示。

表6–6 世界二氧化碳运输管道系统

国家	系统	长度（千米）	运输能力（百万吨/年）
美国	Permian盆地（得克萨斯州西部，新墨西哥州，科罗拉多州）	4180	—
	墨西哥湾沿岸（密西西比州、路易斯安那州、得克萨斯州东部）	1190	—
	落基山脉（科罗拉多州、怀俄明州、蒙大拿州）	1175	—
	Midcontinent（俄克拉何马州、堪萨斯州）	770	—
加拿大	阿尔伯塔碳干线	240	14.6
	Quest	84	1.2
	Sasketchewan	66	1.2
	Weyburn	330	2
挪威	Hammerfest	153	0.7
荷兰	Rotterdam	85	0.4
阿联酋	阿布扎比	45	—
沙特阿拉伯	Uthmaniyah	85	—

◆利用方面的技术创新

二氧化碳不只是生成品，还是一种消费品，可以用在化肥生产、石油开采等领域。据统计，目前全球每年大约消费2.3亿吨二氧化碳，其中化肥生产行业消费的二氧化碳最多，大约为1.3亿吨/年，其次是石油与天然气行业，二氧化碳消费量为7000万~8000万吨/年。[①]为了实现碳中和，拓展碳利用途径也是一个不错的选择，具体分析如下：

（1）二氧化碳和氢气可以用来生成碳氢合成燃料，这一技术是碳利用技术创新的一个重要方向。冰岛的乔治奥拉工厂是全球最大的碳氢合成燃料生产厂，每年可以将5600吨二氧化碳转化为甲醇。

（2）用二氧化碳取代化石燃料用于工业品生产。目前，德国Covestro公司尝试用二氧化碳取代化石燃料，每年可生产约5000吨的聚合物，减少20%的化石燃料的使用。

（3）用二氧化碳生产建筑材料，例如在混凝土生产过程中用二氧化碳代替水，在生产过程中，二氧化碳与矿物质反应生成碳酸盐，可以使混凝土更加坚固。相较于传统建材来说，加入了二氧化碳的建材性能普遍更好。

◆储存方面的技术创新

目前，碳储存的主要方式就是将二氧化碳注入地下的含盐地层以及油气地层封存起来。该领域技术创新的重点主要是开发更多碳储存点，满足不同地理位置的碳储存需要。例如，将二氧化碳注入玄武岩层和盐碱含水层进行存储，或者拓展海洋存储空间等。根据现有的研究结果，

---

① 数据来源：碳交易网。

北美、非洲、俄罗斯以及澳大利亚等地区有很强的碳储存能力。未来，碳储存可能成为实现碳中和的关键。因此，目前碳储存技术创新的主要任务就是选择合适的碳储存场所，防止二氧化碳泄漏到大气中或者污染地下水，尽可能降低碳储存成本。

04 推动我国CCUS产业发展的建议

在我国，预计到2030年，一次能源生产总量将达到43亿吨标准煤，二氧化碳排放量将达到112亿吨，CCUS的应用市场非常广阔。以强化采油技术为例，我国大约有130亿吨原油地质储量可以使用强化采油技术，将原油采收率提高15%，使原油采储量增加19.2吨，同时封存47亿～55亿吨的二氧化碳。[①]

近年来，我国积极推进万吨级以上CCUS示范项目建设，例如吉林油田强化采油项目的管道和驱油工程产油量已经达到50万吨/年；在2013年之前，胜利油田强化采油项目就完成了百万吨级项目的预可行性研究，部分工程完成了可行性研究。

作为碳减排的重要技术，CCUS有望减少化石能源大规模使用产生的碳排放，为我国碳减排、保障能源安全、实现可持续发展提供强有力的保障。随着CCUS示范项目越来越多，未来我国可能建成成本更低、能耗更低、安全性更高的CCUS技术体系和产业集群，减少化石能源燃烧过程中的碳排放，为碳减排、碳中和提供强有力的技术支持。

---

① 数据来源：国家重大技术研究计划“温室气体提高采收率的资源化利用与地下埋存”项目分析。

◆我国CCS/CCUS产业链的发展特点

作为世界上碳排放量最大的国家，为了在2030年实现碳达峰、2060年实现碳中和，除减少化石能源使用之外，我国要全面推进CCS项目建设。随着CCS项目越来越多，在世界新增CCS项目中的占比越来越高，我国将成为CCS项目强有力的推动者。在未来几年，我国CCS/CCUS产业发展将呈现出以下两大特点：

（1）电力行业加大碳捕集力度。在我国的碳排放结构中，火力发电产生的碳排放占比极大。对于电力行业来说，发展CCS/CCUS技术是开展碳减排、实现净零排放的重要途径。2019年，国家能源集团公司发布了CCUS技术路线及发展规划，明确了很多重点任务，包括持续推进鄂尔多斯二氧化碳地质储存示范工程研究，鼓励下属电厂积极推进二氧化碳捕集和封存全流程示范项目建设，积极拓展驱油、驱气、驱水、强化地热开采等方式，推进矿化利用、生物利用、化学合成、仿生利用等新型二氧化碳利用技术的研究与开发等。

（2）石油公司利用自身在勘探开发领域积累的技术优势持续推进CCUS项目。综观全球正在运行的CCUS项目，以强化采油形式运行的项目占比极大，包括我国胜利油田、中原油田、吉林油田、延长集团的CCS项目，只有极少数项目是专用地质封存类型，这些项目大多分布在挪威、美国、加拿大及澳大利亚等国家。在二氧化碳封存方面，石油公司拥有显著的技术优势。未来，电力公司可以与石油公司加强合作，创建一个完整的CCS/CCUS产业链。

◆我国推动CCUS项目发展的对策建议

近年来，在一次能源结构中，非化石能源所占比重不断提升，能源供应的稳定性受到了广泛关注。在碳中和背景下，我国将形成“化石能源+CCS”的发展模式，并在这个过程中释放出很多机遇。为了抓住这些机遇实现更好的发展，中国石化、中国石油、中国海油等大型能源企业应该持续加大在CCUS项目中的投入力度，推动CCUS项目快速发展。具体对策如表6–7所示。

表6–7　推动CCUS项目发展的三大对策

对策	具体内容
制定发展目标与相关规划	根据自身的实际情况制定CCS/CCUS业务中长期发展目标、发展规划以及重点工程计划，为公司实现碳达峰、碳中和绘制一条清晰的路径
推进CCS/CCUS技术研发，创建CCS/CCUS示范项目	立足于现有项目，在CCS/CCUS关键技术领域寻求突破，同时要合理选址，因地制宜，创建更多CCS/CCUS示范项目，完善在该领域的布局
探索成熟的投资模式与经营模式，推动CCS/CCUS业务市场化	中国石化、中国石油、中国海油等企业要创建CCS/CCUS战略联盟，加强与电力企业的合作，延伸CCS/CCUS产业链，不断提高二氧化碳捕集、封存及利用水平，在碳市场掌握主动

第三部分

清洁能源篇

第7章
未来能源：开启第四次能源产业革命

01　新一轮能源科技革命的来临

近几年，全球开始了新一轮能源革命，新能源技术与信息技术深度融合，清洁能源逐渐替代传统的化石能源，形成了煤炭、石油、天然气、核能等多元化的能源供应体系。在能源消费环节，电气化应用范围不断扩大，不仅提高了能源利用效率，而且开启了一个高效、清洁、低碳、智能的能源新时代。

◆全球能源革命的驱动因子

纵观全球能源行业的发展，大致经历了四次能源革命。第一次发生在19世纪中叶，标志是煤炭取代木材成为主要能源；第二次发生在20世纪中叶，标志是石油取代煤炭；第三次发生在20世纪后半叶，标志是以核能为代表的非化石能源开始推广应用；第四次就是现阶段正在发生的新一轮能源革命，标志是全球能源结构从“以化石能源为主、清洁能源为辅”向“以清洁能源为主，化石能源为辅”转变。驱动新一轮能源革命的因素有三个，具体如表7–1所示。

表 7–1　驱动新一轮能源革命的三大因素

三大因素	具体内容
能源供需变革驱动	从能源需求看，随着新兴经济体与发展中国家的发展速度越来越快，对能源的需求越来越大，到2040年之前会推动全球能源消耗增长30%左右。发达国家的经济发展已经比较成熟，对能源的依赖逐渐减弱，煤炭、石油等化石能源的需求不会出现大幅增长。为了实现碳中和，改变终端能源结构，通过大规模电气化提高能源利用效率将成为主要趋势 从能源供给看，虽然短期内全球化石能源的储备依然丰富，但各种能源在能源结构中的占比将发生巨大变革。美国的页岩革命提高了非常规石油和天然气的产量，导致石油在能源结构中的比重继续下降，天然气的比重不断增加。可再生能源作为一种清洁能源，将在未来多元化的能源结构中占据较大比重
技术创新驱动	随着区块链、人工智能等技术在电力行业渗透应用，智能电网不断发展，消费者与供应商之间的关系将发生重大变革。随着光伏技术不断成熟，安装成本不断下降，风电技术不断发展，碳捕集和封存技术、电池储存和非常规燃料提取技术取得重大突破，将推动全球能源格局发生巨大改变
环保驱动转型	能源消耗是温室气体的主要来源，为了减少温室气体排放，遏制全球气温升高趋势，世界各国先后制定了碳减排目标，通过各种方式推动能源转型。同时，一些民营组织也在应对气候变化方面投入了巨大的人力、物力，例如石油、天然气领域的大型公司正在加大对可再生能源的探索与研究，致力于提高可再生能源在能源结构中的占比

◆新一轮能源革命的未来发展方向

新一轮能源革命的目标非常清晰，就是逐渐减少煤炭、石油、天然气等化石能源的消耗，代之以新能源和可再生能源。在这个过程中，电气化程度会不断提升，进而带动能源利用效率大幅提升。同时，在新一轮能源革命中，天然气作为相对清洁的化石能源，会在一段时间内作为过渡能源得到推广应用。

（1）能源结构向更低碳的燃料倾斜。根据国际能源署预测，虽然到2050年，化石燃料依然在全球能源结构中占据主要地位，但能源结构会向低碳化方向发展，天然气、石油与煤炭、可再生能源在满足新增新能源需求方面的贡献将达到1∶1∶1。

（2）天然气将成为重要的“过渡性燃料”。在美国页岩革命的驱动下，天然气需求的增长速度远超石油和煤炭。根据国际能源署预测，在未来20～30年，天然气需求的年均增长速度有望超过1.6%，进而带动液化天然气和压缩天然气的贸易量大幅增长。相较于石油和煤炭来说，天然气的二氧化碳排放量要少很多，属于相对清洁能源，会在很长一段时间内作为“过渡能源”使用，助力能源结构转型。

（3）能源效率将变得越来越重要。在新一轮能源革命中，交通、建筑、制造业等行业将重点提高能源效率，在全球范围内掀起一场能源管理革命，帮助企业探索能源管理模式与方法，为智能家居、智能建筑、智能家电等行业的技术创新提供机会。

（4）可再生电力以及全球能源互联将成为可能。在未来的能源政策中，清洁化、智能化和全球化的电网建设将发挥决定性作用。未来，在全球新增电力中，太阳能光伏和风电等可再生能源将贡献60%的电力。同时，随着智能电网不断发展，清洁能源可以大规模地接入电网，为交通、工业、商业、居民生活等提供更多清洁电能。

随着可再生能源强势崛起，储能方式不断创新，能源安全概念将得到重塑。届时，电网安全可能成为关乎国家安全的大事，会直接对能源基础设施和城市安全造成影响。随着电力系统从内部控制系统转变为网络分布式的控制系统，新旧设施连接很容易产生薄弱环节，受到网络攻击。一旦电力系统受到网络攻击，将对整个社会运转造成严重冲击。目前，在美国，能源系统遭受的网络攻击远多于其他关键基础设施。

02　我国在能源革命中的机遇与挑战

从全球范围看，我国能源生产与消费均高居世界第一，碳排放量也位于世界前列，再加上我国拥有全球最大的清洁能源市场，清洁能源产量名列前茅，因此，在新一轮全球能源革命中，我国占据着核心位置，聚焦全世界的目光。

◆中国在新一轮全球能源革命中的机遇

中国在新一轮全球能源革命中有很多优势，具体如图7–1所示。

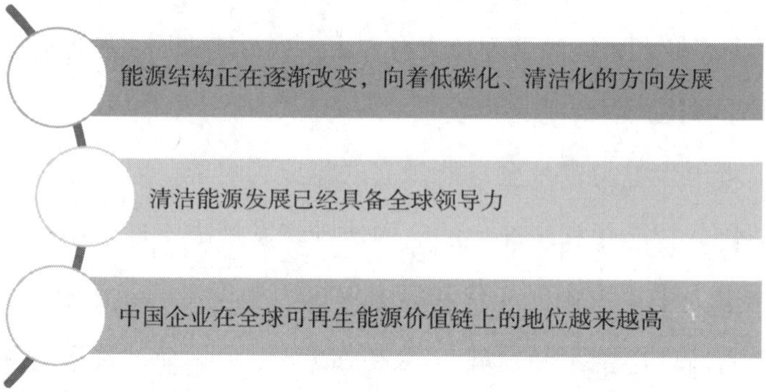

图7–1　中国在新一轮全球能源革命中的优势

（1）能源结构正在逐渐改变，向着低碳化、清洁化的方向发展。近五年，在相关政策的推动下，在技术变革与可再生能源成本下降的加持下，我国的能源效率、碳强度、清洁能源所占市场份额已经超出预期目标。根据国家相关规划，为了推动可再生能源发展，国家计划投入2.5万亿元，将非化石能源和天然气在能源消费增量方面的贡献提升至68%。

（2）清洁能源发展已经具备全球领导力。我国在可再生能源领域的投入位居全球第一，这一成就保持了五年。根据生态环境部公布的数据，我国每年在可再生能源领域投入1000亿美元，是美国的2倍，是欧美的总和。早在2017年，我国风电、光伏发电规模就已经位居世界第一，形成了极具竞争力的产业链体系。在半导体照明产业，我国也已经成为全球最大的产品研发生产基地和应用市场。

（3）中国企业在全球可再生能源价值链上的地位越来越高。中国在海外可再生能源领域的投资同样位居世界第一。在可再生能源价值链上，中国企业的优势越发明显。例如，在太阳能电池板生产领域，中国企业的生产成本比美国企业低20%；在风力涡轮机领域，随着相关技术取得重大突破，中国企业逐渐赶超美国企业，在全球市场上占据了领先地位。

◆中国在新一轮全球能源革命中面临的挑战

虽然在新一轮全球能源革命中，中国拥有很多优势，但也存在一些不容忽略的问题，具体如图7–2所示。

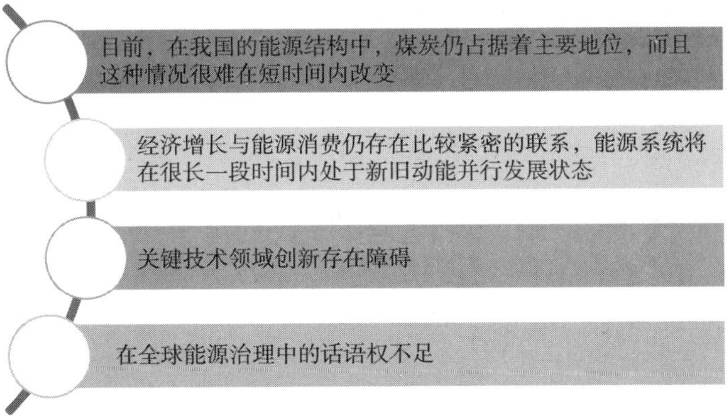

图7–2　中国在新一轮全球能源革命中面临的挑战

（1）目前，在我国的能源结构中，煤炭仍占据着主要地位，而且这种情况很难在短时间内改变。

（2）经济增长与能源消费仍存在比较紧密的联系，能源系统将在很长一段时间内处于新旧动能并行发展状态。未来，我国机动车保有量以及机动车柴油消耗量将持续增长。2011年以后，天然气是唯一一个消费量持续上涨的化石能源，这一趋势将延续很长时间。

（3）关键技术领域创新存在障碍。虽然我国在清洁煤技术、超超临界、热电多联产等技术领域取得了较大突破，但核心技术依然依赖进口，大型风力设备、燃料电池设备、太阳能光电池设备和生物质能技术等依然没有达到世界先进水平，与发达国家还存在一定的差距。除此之外，我国的能源效率也比较低，单位GDP能耗是世界平均水平的2倍，这些问题都亟待改善。

（4）在全球能源治理中的话语权不足。在世界舞台上，参与全球能源治理可以有效提高一个国家的软实力与治理能力。目前，我国参与的国际能源合作大多是对话性合作与一般性合作，缺少话语权，在国际能源贸易中没有定价权。因此，在新一轮全球能源革命中，我国要积极参与全球能源治理，提高自身的软实力，掌握更多话语权。

03　我国能源低碳转型的路径选择

继在第75届联合国大会上宣布“2030年实现碳达峰，2060年实现碳中和”的目标之后，习近平主席在2020年12月12日召开的世界气候雄心峰会上再次宣布“到2030年，中国单位国内生产总值排放比2005

年下降65%以上，非化石能源占一次能源消费的比例达到25%左右”。对于我国来说，想要实现上述目标，能源转型是必经之路。下面，我们对碳中和背景下我国的能源转型路径进行分析。

为了实现碳中和目标，我国要建立健全低碳政策体系，设定能源发展边界，大力发展绿色能源。为了探索碳中和目标下我国能源转型路径，我们先设定一个碳中和情景，即碳中和目标下的发展模式。

在碳中和情景下，经济实现绿色、低碳发展具体表现在以下几个方面：经济结构更加优化，创新的驱动作用更加明显，绿色发展理念深入人心，开放共享成为常态。在经济结构方面，高端制造业、综合能源服务业的占比快速提升，工业、低端制造业的占比明显下降。在能源方面，各行业的能源利用效率明显提升，其中工业的能源利用效率年均提升1.5%，交通行业的能源利用效率年均提升2%，建筑行业的能源利用效率年均提升1.5%，火力发电的能源利用效率年均提升0.6%。在节能减排技术方面，碳捕集、利用与封存技术取得重大突破，实现大规模应用；储能技术不断成熟，三五年之后实现大规模应用；风能、光能等清洁能源实现大规模应用；到2030年，燃料电池车的竞争力显著提升。

◆一次能源需求在2035年前后达峰

在碳中和情景下，现代服务业、高端制造业将实现快速发展，各行业将大力发展循环经济，使得能源利用效率快速提升，能源利用强度持续下降。从2020年到2050年，能源利用强度将保持年均3.8%左右的速度下降，在2035年左右实现碳达峰，需求峰值降低3.7%，大约为56亿吨标准煤。

从发展阶段看，2025年之前，我国的煤炭、石油等能源的消耗量将逐渐减少，天然气、非化石能源等清洁能源的消耗量将快速增加，清洁能源可以满足全部一次能源需求增量；2025年之后，清洁能源将实现快速发展，不仅可以满足新增用能需求，还可以大规模替代发电、工业、建筑和交通等行业对石油、煤炭等能源的需求。

◆非化石能源占比年均提升约1.7%

在碳中和情景下，能源系统会加速实现低碳化。到2050年，在整个能源结构中，煤炭占比将降至12.2%，石油占比将降至8.4%，天然气、核电、水电及其他可再生能源的占比将分别达到13.9%、9.2%、10.2%、46.2%。届时，非化石能源占比将达到65.6%，年均增长1.7%，速度是“十三五”时期的2倍。

◆煤炭需求快速下降

2025年之后，我国煤炭消耗量将快速下降，到2035年将降至29亿吨，到2050年将降至9亿吨。煤炭消耗行业在利用煤炭的同时会配备碳捕集、利用与封存技术，实现二氧化碳零排放。

到2025年左右，我国石油消耗将实现碳达峰，大约为7.3亿吨/年，之后快速下降，到2050年降至3.1亿吨。届时，虽然石油仍然会在航空、水运等领域作为燃料使用，但其原材料的属性会更加凸显。到2050年前后，大约有47.5%的石油会作为原材料使用。

作为低碳经济发展的现实选择，到2040年，我国天然气消耗将实现碳达峰，大约为5500亿立方米/年。之所以将天然气称为低碳经济发展的现实选择，是因为天然气可以与其他能源载体灵活转换，为可再生能源大规模应用，能源系统保持安全、稳定奠定重要基础。

◆可再生能源发展进入快车道

在碳中和情景下，可再生能源将实现规模化生产，进一步扩大新能源的装机规模。预计到2035年，除水能之外的可再生能源装机容量将达到19亿千瓦；到2050年，这一数字将增长至35亿千瓦。随着储能技术不断发展、气电等灵活性电源的占比不断提升、电力市场的发展机制不断完善，到2050年，除水能之外的可再生能源的发电量将达到6.7万亿千瓦时，在发电总量中的占比将达到52%。

04　中国如何参与全球能源革命

新一轮全球能源革命为中国在全球能源市场获取领导力提供了良好的机会。因此，在新一轮全球能源革命推进的过程中，中国要积极参与，立足于全球资源优化与保障能源供给，对能源转型进行统筹安排。

◆能源转型需要大量额外的政策干预

实现能源转型，降低化石能源在能源结构中的占比，需要政策的引导和支持，具体策略如表7-2所示。

表 7–2　推动能源转型的四大策略

策略	具体内容
对煤炭进行清洁化处理，提高煤炭利用效率	因为煤炭仍将在很长时间内作为主要能源使用，所以要对煤炭进行清洁化处理，提高煤炭利用效率，推动煤炭无害化开采、超临界、煤气化联合循环发电等技术推广应用，尽量减少煤炭使用过程中的碳排放
充分发挥天然气的过渡作用，完善天然气管网建设	在能源转型过程中，充分发挥天然气的过渡作用，完善天然气管网建设，推动天然气管网和LNG（Liquefied Natural Gas，液化天然气）终端独立运作，建立一个开放、竞争的天然气市场
完善可再生能源激励机制	为了鼓励可再生能源开发与应用，我国可以从国外引进一些成熟的激励机制，例如拍卖制、净计量以及财政刺激等，对开发利用可再生能源的企业与机构进行补贴，完善补贴政策，明确补贴退出机制，防止产能过剩、资源配置失衡等问题发生
持续加大在核心技术研发领域的投资	一方面，政府要加大对前期投资的扶持力度；另一方面，政府要放宽准入机制，降低准入门槛，引导社会资本进入核心技术开发领域，加强知识产权保护

◆强化节能优先战略，推动重点用能领域提高能效

从全球看，我国经济发展速度位居世界前列，但单位GDP能耗与碳排放要比欧美等发达国家高很多。因此，在参与全球能源革命的过程中，我国要全面推进节能优先战略，从目标、制度、政策、考核等方面做好顶层设计，让节能优先理念融入人们的骨髓与血液，在社会生产与生活的方方面面体现出来。

我国要鼓励建筑、交通、工业等重点用能行业提高能效水平，积极推进相关技术与设备的研发，助力这些行业完成低碳化、智能化改造，打造集约化、高端化的产业体系，使能源利用效率得到大幅提升。

◆统筹能源安全与低碳转型的关系

过去，资源在能源行业占据着主导地位。近几年，随着低碳、零碳、负碳等技术不断发展，技术取代资源在能源行业占据了主导地位，

使能源供应安全的内涵发生了一定的改变——从保证资源持续供应转向保证能源系统稳定。具体来看，为了保证能源安全，我国要不断提高非化石能源在能源结构中的占比，减轻对国外资源的依赖。

在新一轮的全球能源革命中，风能、光能等非化石能源得到了推广应用。虽然这些能源可以减少碳排放，但它们自身不稳定的特性会诱发很多新的安全风险。此外，随着能源系统实现数字化转型与升级，我国要注重电网安全，将电网安全上升到国家安全层面，建立全国统一的监管机构与协作平台，提高核心网络抵御不良攻击的能力，加强监管，加快构建灵活性电源、分布式用能体系和智能电网，以免电网系统遭到破坏，引发能源安全风险。

除此之外，能源安全风险还来自新能源的快速发展。例如，随着新能源汽车推广普及，车用电池市场将实现大爆发，同时将带动镍、钴等矿产资源市场实现大爆发。据预测，到2025年，我国新能源汽车市场对钴的需求量将远超我国钴金属的可采储量；到2035年，国内市场对镍资源的需求量将远超我国镍金属的可采储量。因此，从长远看，为了保证能源可持续供给，我国要积极与其他国家开展能源战略合作，构建能源资源共同体。

◆打造多元、有韧性的低碳能源供给体系

首先，我国要尽快完善新能源基础设施建设，推动能源市场与相关体制机制建设，出台相关政策，鼓励相关企业与机构加强技术创新；其次，我国要全面推进氢能，储能，碳捕集、利用与封存等技术快速发展，打造低碳能源供给体系。

需要注意的是，氢能作为一种清洁能源有很多优点，包括可以从多

渠道获取、灵活利用、远距离输送、大规模存储、转化为电能，支持分布式利用与集中式利用，可以促进可再生能源消纳，打造高度灵活的能源系统与多元化的低碳能源供给体系，为工业、交通等行业的深度脱碳提供强有力的支持。

◆电力市场转型是能源转型的关键

我国能源转型能否成功，在很大程度上取决于电力市场的转型效果。因此，我国要出台相关政策与法律，引导电力市场转型，对电力企业的投资方向与技术研发方向进行指导，鼓励电力企业参与深海石油与海底可燃冰的开采，在氢能、新型核能技术的研发与应用领域取得重大突破，创建一个以可再生能源为主的分布式能源系统。

◆依托“一带一路”建设，创新推进国际能源合作

我国要以“一带一路”倡议为依托，创新推进国际能源合作。具体策略如表7–3所示。

表 7–3　推进国际能源合作的五大策略

切入点	具体策略
地缘政治层面	我国要积极维护产油和输油地区的安全与稳定
技术层面	我国要鼓励石油勘探、节能增效、环境保护等技术领域创新，积极在国际市场上寻求合作
市场层面	完善上海原油期货市场，加强与国际原油期货市场对接，逐步在亚洲市场获得定价权，让我国原油期货成为亚洲市场的定价基准
战略层面	我国要与各国的能源战略对接，构建多层次油气输配网络与能源互联网络，设立区域能源互联网试点，向全球网络稳步拓展，将中国经验分享出去，引领其他发展中国家发展
投资方面	我国要借鉴多边开发银行的经验，出台“一带一路”环境和社会保障政策，对我国企业的海外投资行为进行规范，同时保障海外投资企业的合法权益

第8章
实现路径：全球主流的清洁能源技术

01 风能：为“双碳”保驾护航

现阶段，为了应对气候变化，实现将未来30年的升温控制在2℃乃至1.5℃以内的目标，世界各国都在向低碳、净零碳的方向转型，在全球范围内掀起了新一轮技术革命与产业竞赛。在实现碳中和的过程中，各国经济将实现绿色复苏，传统的能源、制造、科技、消费等行业的价值链将被彻底颠覆，新的价值链将逐渐形成。在目前的形势下，发展低碳经济、绿色经济，如期实现碳达峰、碳中和已经成为全球谋求可持续发展的必然选择。

人们根据能源消费过程对环境的影响将能源分为清洁能源与非清洁能源。非清洁能源就是在使用过程中会排放有害气体或者物质、对环境造成污染的能源，包括煤炭、石油等化石能源。清洁能源与之相对，就是在使用过程中不会产生有害气体、排放有害物质，对环境的影响极小，甚至不会对环境造成不良影响的能源。

按照现有的划分标准，清洁能源可以划分为两种类型：一种是包括水能、太阳能、风能、地热能、海洋能等在内的可再生能源，消耗过程中不会产生太多的污染物，消耗后可以恢复，这类能源又被称为第Ⅰ类清洁能源；另一种是以天然气为代表的低污染能源和以洁净煤、洁净油为代表的经过处理的化石燃料，这类能源具有不可再生的特点，又被称为第Ⅱ类清洁能源。一般情况下，我们所说的清洁能源指的是第Ⅰ类清洁能源。如图8-1所示。

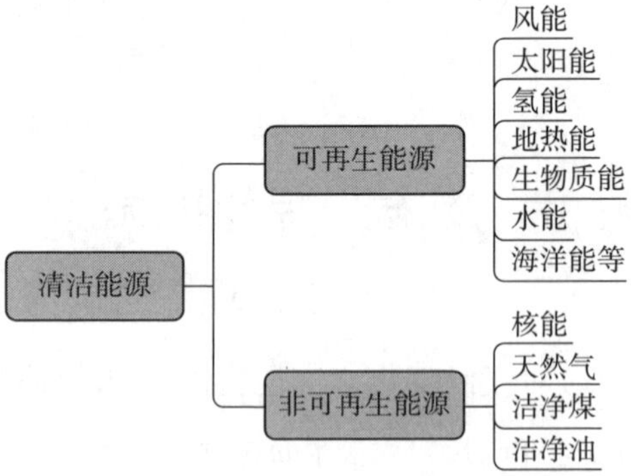

图8-1　清洁能源的主要类型

我国非常重视清洁能源的发展，在清洁能源领域的投资额，以及水电、风电、光伏发电装机容量连续多年高居世界第一。在碳中和背景下，我国将继续大力发展清洁能源，给清洁能源行业的发展带来诸多机遇。

首先是风能，风能是由空气流动产生的动能，深受地形影响，沿海地区和开阔大陆的收缩地带比较丰富。风能的优点在于可再生、无污染、储量大，缺点在于相关装置体积大、耗材多、投资高、对技术的要求比较高。

风能可以根据需要转化为机械能、电能、热能等，目前应用比较多的就是转化为电能，即风力发电。风电是我国重点发展的清洁能源项目之一，我国风电新增装机量连续多年居世界首位，风电已经成为仅次于火电、水电的第三大电力来源。

在我国，风力发电起源于西北、东北和华北地区（简称“三北”地区），主要经历了两个发展阶段，一是建设风力发电基地，二是融入大电网。陆地风电发展面临的最大问题就是风力资源富集区与电力需求较高的区域不匹配，“三北”等风电资源区存在严重的弃风现象，新疆、甘肃、内蒙古三大区域的弃风率之和近30%，弃风电量在全国弃风电量中的占比超过80%。

为了解决这一问题，我国在风电资源区之外创新地发展出低速风电产业，引领世界风电向着更长叶片、更高塔筒、定制化设计、全生命周期的方向发展。据研究，我国中东部和南部地区蕴藏着近10亿千瓦的低速风电资源，目前开发率不足2%，再加上这些地区对电力需求较大，不易发生弃风现象，因此这些地区的低速风电资源拥有广阔的开发空间。在此背景下，我国专注于低风速风资源开发的分散式风电项目迅速崛起。

在风力发电领域，海上风电是非常重要的组成部分，对风电技术进步、产业升级产生了积极的推动作用。相较于陆上风电，海上风电的优点主要表现在三个方面，分别是距离负荷中心近、风机利用效率高、不占土地资源。根据世界海上风电论坛（World Forum Offshore Wind，WFO）发布的《2020年全球海上风电报告》，2020年全球海上风电新增装机容量为5206吉瓦，新增装机容量再创历史新高，投入运营的海上风电场新增15个，达到了161个。

在我国，近几年，山东、江苏、浙江、福建、广东等地的海上风电得到了快速发展。在未来的发展中，海上风机的功率会不断提高，运输吊装运维设备和船舶将更加专业，风电产业链将不断完善，最终实现快速发展。

02 氢能：21世纪的“终极能源”

氢能指的是氢和氧进行化学反应释放出的化学能，是一种清洁的二次能源，具有能量密度大、零污染、零碳排放等优点，被誉为21世纪的“终极能源”。目前，氢能发展正处于初级阶段。未来，随着相关技术取得重大突破，氢能产业将迈入快速发展阶段。在氢能利用方面，日本掌握的专利最多，三菱、松下、丰田等企业在氢能利用领域积极布局，形成了全产业链优势。

据预测，到2050年，世界能源将形成“四足鼎立”格局，这“四足”分别是天然气、石油、煤炭和新能源，其中氢能占比大约为18%，年均创造市值约2.5万亿美元。未来10～20年，随着氢能应用场景不断丰富，世界氢能产业将进入快速发展阶段。目前，日本正在加速发展涡轮氢气发电机、氢燃料电池商用车、氢能冶金等产业。具体来看，未来氢能终端应用产业如图8–2所示。

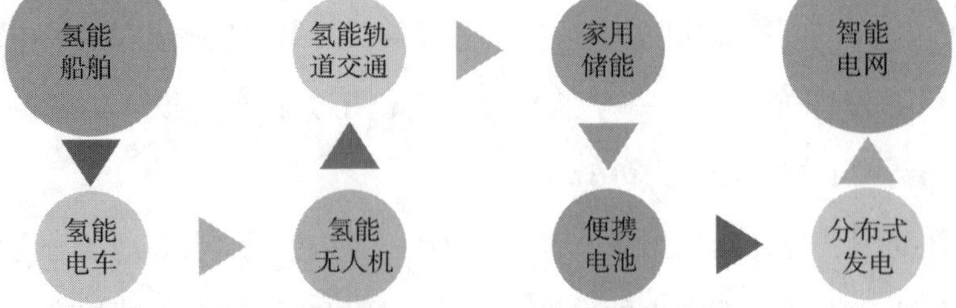

图 8–2　氢能应用的产业领域

在氢能产业发展过程中，氢气运输是一大难题。未来，氨气可能成为氢气大规模运输的重要载体。目前，很多国家都在积极布局氨燃料产业，欧洲、日本、韩国、中国等国家和地区正在加速氨燃料船舶研发。以日本为例，日本正在努力构建涵盖船舶建造、设备研制、燃料加注等环节的氨燃料船舶产业链。另外，在发电领域，日本计划到2030年实现氨煤混烧，将燃煤发电站的用煤量减少20%，最终实现氨气发电。

目前，氢能的大规模开发与利用也面临着一些挑战，具体表现在以下两个方面：

◆氢能利用的经济性挑战

对于氢能利用来说，技术可行只能解决一方面的问题，想要实现大规模应用，必须达到经济可行。

在现有的制氢方案中，灰氢具有明显的成本优势，但为了减少二氧化碳排放，利用可再生能源发电进行电解水制氢是最好的路径。然而在目前的技术条件下，可再生能源发电的成本比较高，电解槽的能耗较大、投资较高，导致电解水制氢的成本比较高。未来，随着这两个问题得到解决，绿氢生产成本将大幅下降。

根据国网能源研究院发布的数据，在电解水制氢的成本结构中，电价占比超过70%，在很大程度上影响着电解水制氢的成本。在国内市场上，目前，电解水制氢的成本为30~40元/千克，比煤制氢的成本15.85元/千克高很多。

氢能利用的经济性不仅深受绿氢制取成本的影响，也深受碳价高低的影响。根据彭博新能源发布的《氢能经济展望》，如果到2050年碳价达到50美元/吨，就可以刺激钢铁行业用氢气取代煤炭；如果到2050

年碳价达到60美元/吨，就可以刺激水泥行业使用氢气取代煤炭；如果到2050年碳价达到75美元/吨，就可以刺激制氨企业使用氢气；如果到2050年碳价达到145美元/吨，制氢成本降至1美元/千克，就可以刺激船只使用氢气。据研究，到2031年，随着制氢技术不断成熟，制氢成本不断下降，重型卡车以氢气为燃料的成本可能比以柴油为燃料的成本更低。

◆大规模运输难、储存难

目前在国内，氢能储运是一大难题，不仅无法实现大规模储运，储运安全问题也没有得到有效解决。国内储运氢能主要采用气态高压氢储运方式，除此之外也有少量液氢储运、吸附储氢等方式。

从总体看，气态高压氢储运方式比较成熟，可以自由调节充放氢的速度，但储氢密度低，对容器的耐压性有极高的要求。目前，气态高压氢储运主要应用于车用氢领域，虽然这种方式已经比较成熟，但关键零部件仍依赖进口，储氢密度有待提升。

低温液态储氢的密度较高，液态氢的纯度也比较好。但因为氢在液化过程中要消耗大量能量，要求储氢容器具有较好的绝热性，在一定程度上增加了设备材料成本。另外，液氨甲醇储氢操作复杂，气体充放效率比较低。如果使用有机材料、金属合金等固态储氢，虽然安全性较高，储存压力较低，运输比较方便，但储存物价格比较高，储存释放条件也比较苛刻。目前，我国相关机构与企业正在对这种储氢方式进行研究，但与国外先进水平存在较大差距，短时间内很难实现规模化商用。

03 核能：坚持发展与安全并重

核能是原子核裂变或者聚变释放出来的能量，又称为原子能。目前，核能利用的主要方向是核能发电，优点在于低碳环保，缺点在于废物处理难度高，存在较大的风险。

从核能产生的原理来看，核能发电的途径主要有两条，一是核裂变发电，二是核聚变发电。经过多年研究与探索，核裂变发电技术不断改进，目前已经发展到了第三代，安全性、核燃料利用率以及经济性都有了很大的提升，废物产生量大幅减少，而核聚变发电技术仍处在研究阶段。

近年来，国内外核能综合利用技术取得了较大突破，小型且简单的核能发电和产热机组——小型核动力堆引起了广泛关注，成为研究热点。小型核电的应用范围极广，可以满足分布式能源系统在供电、供热、工业供汽和海水淡化、同位素生产等领域的应用需求，是顺应全球能源低碳化、扩大能源应用范围的重要举措。因此，世界各国开始重点推进多用途核电小堆建设。例如，比尔·盖茨创办的核能企业TerraPower计划建造小型核电站，完善由风能、太阳能等清洁能源构成的电网，来弥补这些能源无法持续供应的缺点。在国内，国家电力投资集团在齐齐哈尔市建设核能供热小堆，率先实现了“无煤化、零碳化”供暖。

随着科技不断发展，尤其是超导材料、量子计算机等技术取得重大突破，可控核聚变技术有可能落地应用。在该技术的支持下，核聚变电站有望源源不断地产生能源。2021年，中国“人造太阳”首次实现1

亿℃“燃烧”近100秒，推动世界可控核聚变能源研究迈向新高度。

虽然核能应用潜力巨大，但在现阶段，核能发展面临着很多问题，这些问题主要表现在经济、安全和环境三大方面，包括资金来源不稳定、核废料处理技术不成熟、公众接受度较低、核设施与人员老化、核技术安全性有待提升等，如表8-1所示。

表 8-1　核能发展面临的三类问题

问题	具体表现
资金投入大，投资周期长	核电项目不仅对技术要求高，对周边环境的要求也极高，包括地质环境、水文环境、气候条件、人居环境等，建设过程投资巨大，而且周期较长，导致投资成本回收周期较长
公众接受度较低	目前，公众对于核电的担忧主要集中在以下几个方面：核事故、核扩散、核恐怖主义和核废料处理。鉴于日本福岛核事故、苏联切尔诺贝利核电站事故、英国温茨凯尔核电站事故等核电站事故所造成的影响，很多国家掀起了反核热潮。因为公众反对，美国尤卡山核废物处置库未按计划完成建设，瑞典和德国被迫推出弃核政策
核能扩张和核原料消费量增加导致核扩散、核恐怖主义风险加剧	目前，在政局不稳、冲突不断的中东地区，核扩散风险比较严重。同时，恐怖主义、宗教极端势力的活跃，导致核恐怖主义风险加剧，在一定程度上限制了核电的发展

04　太阳能：碳中和下的光伏革命

太阳能指的是太阳发出的光能，可以转化为热能、电能、化学能等不同形式的能源。目前，太阳能的利用方向主要是太阳能发电、太阳能取暖等。随着科技不断发展，太阳能光伏发电的应用范围不断拓展。我国的太阳能资源非常丰富，太阳能应用形式也比较多元化，除太阳能发电外，还有太阳能集热器、太阳能温室、太阳能干燥、太阳能制冷等。

我国对太阳能的利用比较早，是全球最大的太阳能热水器生产应用国，太阳能光伏电池产量位居世界前列。具体来看，我国太阳能光伏产业的发展主要经历了五个阶段，如表8–2所示。

表8–2　太阳能光伏产业发展的五个阶段

阶段	成就
初步导入期	《京都议定书》签订后，美国、德国等国家发布扶持可再生能源计划，我国也诞生了第一批光伏企业
快速发展期	随着欧美等国家相继发布光伏政策，中国光伏制造企业积极吸收国外资本与技术，利用国外市场发展壮大。在这一阶段，全国各地建成几十个光伏产业园，太阳能电池产量以年均143.72%的速度快速增长，在全球市场所占份额快速提升，在2010年超过了50%
产业挫折期	经过几年时间的快速发展，我国太阳能光伏产业出现了产能过剩现象，而且90%以上的原材料依赖进口。2008年金融危机发生后，欧盟减弱了对光伏产业的政策支持，并对中国光伏企业进行反倾销、反补贴调查，对我国光伏产业的发展造成了严重冲击
国家补贴期	2012年12月，国务院围绕太阳能光伏产业发展出台了五项措施。2013年，国务院发布《关于发挥价格杠杆作用促进光伏产业健康发展的通知》，进一步完善了光伏发电的价格政策，确定分布式电价补贴标准，刺激国内需求，帮助光伏企业脱离困境、重获新生
规模化发展期	2020年，受新冠肺炎疫情的影响，全球经济倒退，然而我国光伏行业逆流而上，取得了令人瞩目的成就，保持并延续了多项世界第一。应用市场实现恢复性增长，2020年我国光伏新增装机共48.2GW，连续8年位居全球首位；累计装机量达到253GW，连续6年位居全球首位；产业规模持续扩大，制造端四个主要环节实现两位数增长，多晶硅产量共39.2万吨，连续10年位居全球首位

在前四个阶段，光伏产业的发展深受政策影响，政策支持、政府补贴力度大，产业发展速度就快。但政策支持只能作为辅助手段，光伏产业想要实现健康可持续发展必须逐渐摆脱政策影响。从2020年开始，政府补贴退出光伏市场，在不断发展的光伏技术的支持下，光伏发电成本不断下降，开启了光伏大规模发电时代。

目前，太阳能光伏电池主要有两类，一类是晶体硅电池，另一类是薄膜电池，其中晶体硅电池所占市场份额超过了90%，薄膜电池占比极小。经过长时间的发展，我国光伏发电领域形成了比较成熟的产业链。根据光伏协会公布的数据，2020年，我国多晶硅产量39.2万吨，硅片产量161.3吉瓦，光伏发电量2605亿千瓦时，相较于2019年都有大幅增长。

薄膜电池的市场占比之所以小，主要是因为它是一项新技术。随着生产成本不断下降，碲化镉电池出货量将快速增长。铜铟镓硒薄膜电池转换效率提升较快，吸引了汉能、中建材、国家能源集团等企业纷纷布局。

除太阳能发电外，太阳能发热也引起了广泛关注。这里的“发热”不仅指的是利用太阳能加热水，还包括利用太阳能取暖、制冷、烘干，将太阳能用于工业生产等。随着太阳能与建筑一体化技术不断发展，主动太阳房、被动太阳房、太阳能热发电、太阳能制冷等技术发展速度将越来越快，产业链将逐渐成熟。

05　地热能：来自地球深处的新能源

地热能是存储在地球内部的一种热量，不同的温度有不同的利用途径，150℃以上的高温地热资源主要用来发电，90℃～150℃的中温地热资源与25℃～90℃的低温地热资源可以用于工业、农业、医疗、旅游及日常生活的各个场景，25℃以下的浅层地温主要用来供暖、制冷。作为新能源的重要组成部分，近年来，地热能受到了广泛关注，应用模式不断拓展，从简单的地热温泉逐渐转向地热发电等深度开发模式，切实提高了地热资源的利用效率。

集中供暖是地热能应用的一个主要场景。利用地热能集中供暖可以切实提升地热能的利用效率，减少能源损耗。冷热站将深层的地热井供暖与浅层的地源热泵制冷相结合，可以实现集中供暖与集中制冷，提高能效，为人们创造一个更加舒适的生活环境。

地热能更高级的应用就是地热发电。2010年以来，全球地热发电累计装机容量不断增长，2019年达到了13.93吉瓦。虽然我国拥有丰富的地热资源，但大多存储在地下几千米深处的干热岩中，由于现阶段的开采技术尚不成熟，开采成本极高，只有少数区域可以直接利用高温地热资源发电。

06　海洋能：海洋中的"绿色燃料"

海洋能指的是海洋中蕴藏的丰富的可再生能源，包括海水温差能、潮汐能、波浪能、海流能（潮流能）、海水盐差能等。因为类型丰富，所以海洋能的利用场景比较多，发展前景比较广阔。下面，我们对海洋能开发利用技术进行简单介绍。

◆新型潮汐能技术

潮汐能指的是海水在周期性涨落运动中所产生的能量，目前主要用于发电。潮汐发电的原理与水力发电相似，建筑拦潮坝，利用潮水涨落形成的水位差推动水轮机带动发电机进行发电。因为潮汐具有间歇性，再加上蓄积的海量流量比较大，海平面的落差较小，所以潮汐发电对水轮发电机的结构与性能提出了较高的要求。

目前，潮汐能利用方式分为两大类型：一类是传统利用方式，包括单库双向、单库单向、双库单向和双库双向；另一类是新型利用方式，包括潮汐潟湖、动态潮汐能等。迄今为止，通过建造拦潮坝利用潮汐能的技术已经发展了数十年，形成了比较成熟的商业模式。目前，拦坝式潮汐电站主要采用单库方式，典型案例如1966年建造的法国朗斯电站、1984年建造的加拿大安纳波利斯电站，前者涨潮落潮都可以发电，后者只在落潮时发电。

◆潮流能技术

潮流能与潮汐能相伴相生，都是月球引力、太阳引力对海水作用引发的，两者的不同之处在于潮流能是海水在月球引力、太阳引力的作用下周期性水平运动形成的动能，潮汐能是海水周期性涨落形成的势能。

潮流能的发电原理与风力发电相似，简单来说就是将水流的动能转化为机械能，再将机械能转化为电能。2008年，MCT公司在北爱尔兰特兰德湖安装了一台全尺寸的海流涡轮机原型机，同年12月该机组的装机容量超过1.2兆瓦，成为世界上第一个实现商业化运行的潮流能发电系统。

2016年1月，我国第一台自主研发的潮流能发电机组——“LHD林东模块化大型海洋潮流能发电机组”总成平台在浙江舟山下海，除总成平台系统外，该机组还有14个系统，共拥有50多项核心专利，装机容量3.4兆瓦，装机功率世界最大。同年7月，两个24米高、230吨重的发电组模块精准吊装至海下总成平台，标志着我国潮流能发电进入“兆瓦时代”，我国的潮流能发电技术跻身世界前列。

◆波浪能技术

波浪能是由风能转化而来的一种能量。风通过海—气作用将能量传递给海水形成波浪，将能量储存为势能与动能。据统计，全球可利用的波浪能大约有30亿千瓦，超过当前全球发电总量。

我国沿海地区的波浪能非常丰富，但分布不均。其中，台湾地区沿岸地区的波浪能最丰富，大约为429万千瓦，占全国波浪能储量的1/3，其次是浙江、广东、福建和山东沿岸，波浪能储量大约为706万千瓦，占全国波浪能储量的55%。①

一般来说，波浪能发电装置由一级能量转换系统、二级能量转换系统和三级能量转换系统构成。根据一级能量转换系统的不同，波浪能发电技术可以分为吸收式、截止式、消耗式三种类型；根据二级能量转换系统的不同，波浪能发电技术可以分为气动式、液压式、液动式、直驱式四种类型。

07　生物质能：广泛应用的清洁能源

生物质能被誉为“世界第四大能源”，前三大能源分别是煤炭、石油和天然气。生物质能指的是通过植物的光合作用，以直接或间接的方式将太阳能转化为化学能后，在生物体内存储的能量，是一种碳中性能源，在生长过程中吸收二氧化碳，在燃烧过程中释放二氧化碳，从而达到碳平衡。

① 数据来源：国家海洋技术中心主任罗续业的《开发利用波浪能，解决边远海岛用电难题》。

生物质能的优点在于来源广泛、成本低廉，目前主要用于发电、供热、制气、制油、制生物质碳等，可以满足工业时代对所有能源商品的需求。在全球可再生能源利用结构中，生物质能终端使用占比超过了一半。在欧洲，生物质能在新能源中的占比远高于风能、太阳能，超过了60%。

发电是生物质能的一个典型应用场景，也是我国生物质能发展的主要方向。生物质能发电可以分为直接燃烧发电、混合燃烧发电、垃圾发电、沼气发电和气化发电五种类型。在农村地区，利用秸秆、畜禽粪污、有机生活垃圾发电，生产沼气、生物天然气，不仅可以实现清洁供电、供暖，还可以解决农村地区的环境污染问题，为美丽乡村建设添砖加瓦。

08　分布式储能：迈向智慧储能时代

储能指的是将电能转化为其他形式的能源储存起来。随着智能电网、可再生能源发电、分布式发电、微电网快速发展，大量分布式电源接入配电网。为了解决分布式系统带来的高负荷与随机性问题，技术人员开发出分布式储能技术，这些分布在用户侧的储能系统与分布式发电系统相结合构成了分布式能源网络。随着经济社会不断发展，对稳定供电的需求持续增加，分布式储能的应用前景非常广阔。

根据CNESA统计，截至2020年底，全球已投运储能项目累计装机规模达到191.1吉瓦，同比增长3.4%。其中，抽水蓄能的累计装机规模最大，占比90.3%，其次是电化学储能，占比7.5%。抽水蓄能项目主要用于发电侧储能，可以削峰填谷，让电力供应保持稳定。

分布式储能系统主要由各类储能设备以及智能微电网系统构成，燃料电池、固态电池、超级电容器、液流电池等拥有广阔的发展空间。目前，由于技术不成熟、成本居高不下、没有形成成熟的商业模式与完整的产业生态，分布式储能系统陷入了发展困境，但同时也面临着良好的发展机遇。

综上所述，在碳中和背景下，清洁能源行业将迎来诸多发展机遇，包括成熟技术的推广应用、新技术开发与应用、最新研究成果的产业化应用等。在清洁能源发展方面，我国固然要抢占先机，但也要明确发展方向，做好战略规划，把握发展节奏，稳扎稳打，有序推进。

第9章
智慧能源：构建全球能源互联网战略

01 推动全球能源革命的战略构想

2015年9月，习近平主席在联合国大会上提出构建全球能源互联网的倡议，这一倡议迎合了全球能源互联网发展的主流趋势，号召世界各国增进合作，共同创建全球能源互联网，体现了创新、协调、绿色、开放、共享的发展理念。如果这一倡议能够落地，将对整个人类社会的可持续发展产生深远影响。

一直以来，能源安全都备受关注。早在2014年，我国就围绕能源安全问题提出了四个革命的构想，分别是能源消费革命、能源供给革命、能源技术革命和能源体制革命。我国提出的构建全球能源互联网的倡议，是面向全球能源革命的一种创新性构想，涉及能源输送、能源调度、能源供给三个方面的内容，不仅有利于推动我国的能源革命，还为全人类共同应对能源枯竭、气候环境恶化等问题指明了方向。

目前，构建全球能源互联网迎来了最好的时机。随着能源供需矛盾越发突出，化石能源大规模使用带来的环境问题越发严峻。为了应对气候变化、遏制温室效应，世界各国都在努力推动能源技术革新，开发清洁能源，加快电网建设，全球能源网络化的发展趋势越发明显。在此形势下，我国提出构建全球能源互联网的倡议恰逢其时，得到了其他国家的广泛认同与积极响应，尤其得到了联合国的大力支持。

构建全球能源互联网的倡议为全球能源发展提供了一条新路径，也向世界证明中国正在为全球能源发展贡献自己的力量，正在用“中国智慧”推动人类文明进步，为世界经济的可持续发展保驾护航。

（1）全球能源的可持续发展必须依赖创新。在全球能源互联网建设过程中，必然会伴随着能源技术创新、体制创新和管理创新，以满足能源输送、能源调度和能源供给改革需求。

（2）全球能源互联网的发展必须注重协调。能源分布不均衡、能源发展不协调是全球能源发展的现状。全球能源互联网可以利用特高压电网将“一极一道”（北极风电、赤道太阳能）的电能输送到世界各地，满足能源优化配置要求，为世界各国能源协调发展提供强有力的保障。

（3）全球能源发展要坚持绿色发展理念。全球能源互联网建设要扩大绿色清洁能源使用范围，减少化石能源在能源消费结构中的占比，切实减少碳排放，解决大气污染问题，保证人类社会实现可持续发展。

（4）全球能源发展必然要走向开放。全球能源互联网建设有利于各国积极参与全球治理，增加公共产品供给，以能源为核心开展深度合作，形成互利合作的局面。

（5）全球能源发展最终要实现共享。全球能源互联网可以将清洁能源输送到世界各地，满足世界各国对清洁能源的需求，共享发展成果。

02 特高压、智能电网与清洁能源

2017年2月，全球能源互联网发展合作组织发布《全球能源互联网发展战略白皮书》，对全球能源互联网建设做出了规划。从结构上看，全球能源互联网要以特高压电网为骨干，以坚强智能电网为基础。从落地建设来看，全球能源互联网建设要分为三个阶段，分别是国内互联阶段、洲内互联阶段和洲际互联阶段。

据《全球能源互联网发展战略白皮书》预测，全球能源互联网建设能够带动超过50万亿美元的投资。2030—2050年，各洲电网有望实现初步连通，全球能源互联网将逐渐成形。

在全球能源互联网建设中有三个关键点，分别是特高压电网建设、泛在智能电网建设和清洁能源开发，具体如表9-1所示。

表9-1 全球能源互联网建设的三大关键点

关键点	优势
特高压电网建设	特高压电网可以低能耗、远距离、大规模地输送电能，降低跨区域、跨洲输电成本
泛在智能电网建设	泛在智能电网可以对能源进行智能化调度，提高电网的可靠性、安全性、经济性、高效性，减少对环境的影响
清洁能源开发	清洁能源的类型非常多，包括水能、风能、太阳能、核能、海洋能、生物能等，储量巨大，只要开发其中的一小部分就可以满足人类社会发展所需

在全球能源互联网架构中，特高压电网是能源输送渠道，泛在智能电网是能源调度平台，清洁能源是核心供应资源。在它们的相互作用下，全球能源互联网成为一个互联互通的网络，推动全球能源配置方式发生巨大变革。

2020年12月27日，乌东德水电站送电广东、广西特高压多端柔性直流示范工程正式建成投产，这是我国西电东送的重点工程之一，也是世界上第一条±800千伏特高压多端柔性直流输电工程。很多业内人士认为，该工程的建成投产标志着我国先于其他国家系统地掌握了特高压多端混合柔性直流技术，带领世界特高压技术进入柔性直流新时代。

在此之前，受直流输电、交流输电技术特性的影响，世界上绝大多数国家采用的是“直流送电、交流组网”模式。因为直流输电主要适用于点对点、远距离、大容量电源外送，无法组网，想要实现电网互联只能借助交流输电。虽然“直流送电、交流组网”模式适用范围极广，但面临着“多直流馈入”问题，即当大流量的常规直流汇入电网，一旦常规直流线路“闭锁”，电网就会缺电，导致供电中断。

柔性直流可以很好地解决这一问题。柔性直流是一种“电压源型”直流输电技术，可以更灵活地控制电压与频率，提高供电系统的稳定性。作为我国电网升级的重要技术手段，柔性直流输电可以解决现有电网存在的很多问题，对城市配电网进行增容改造，促使异步交流系统实现互联，推动大规模新能源发电并网等，弥补传统交流电网的缺陷。

近几年，我国积极推进特高压电网建设，根据国家电网发布的数据，截止到2021年2月，我国已经有“十三交十一直”24项特高压工程投入运营，累计线路长度35583公里、累计变电（换流）容量39667万千伏安（千瓦），除此之外还有“一交三直”4项特高压工程处于核准、在建状态。

根据我国电力行业的“十四五”发展规划，到2025年，我国特高压直流工程将达到23个，总输送容量达到1.8亿千瓦。未来，我国特高压电网建设将进入常态化核准状态，在最大程度上推动能源互联网建设。

我国能源分布不均，能源供给地与能源消耗地距离较远，往往需要长距离输送。在碳中和背景下，为了满足清洁电能大规模、远距离输送需求，我国将大力推进特高压电网建设。在特高压直流输电系统建设的成本结构中，换流站的占比最高，大约为30%。在换流站建设的成本结构中，换流阀/IGBT、直流避雷器、控制保护系统和换流变压器等占据了绝大多数份额。也就是说，随着能源互联网建设不断推进，IGBT、换流变压器、直流避雷器、桥臂电抗器等市场将实现大爆发。

03 我国构建能源互联网的实践路径

随着能源结构不断升级，清洁能源和新能源的占比不断提升，为了提高清洁能源与新能源的消纳水平，必须实现多能互补，让多种能源实现协调发展。在新能源发展的过程中，以大数据、云计算为代表的新一代信息技术将深度融入其中，推动新能源行业向智能化、信息化的方向快速发展。能源互联网是能源行业与信息行业高度融合的结果，将分布式发电、储能系统、负荷等组成众多微型能源网络，推动能源格局与能源体系发生巨大改变，催生新的商业模式与发展机遇。

◆我国能源互联网建设的成效

目前，我国能源互联网在信息化转型、数字化建设方面取得了显著成效，具体表现在表9-2所示的几个方面。

表 9–2　我国能源互联网建设取得的四大成就

序号	成就
1	能源行业已经建立起比较完善的互联网基础设施，形成了一定的数字化能力，只是在数据利用方面稍显乏力
2	由于能源行业属于设备密集型行业，所以有很多高价值的设备，这些设备的智能化程度比较高，数据开放性比较好
3	目前，大多数能源企业配备了DCS（Distributed Control System，分布式控制系统）、SCADA（Supervisory Control and Data Acquisition，数据采集与监视控制系统）、MES（Manufacturing Execution System，制造执行系统）等相应的控制层软件或系统，可以对控制数据、生产过程中产生的数据进行实时采集
4	大部分能源企业建立了以ERP为核心的运营体系，可以实时获取运营数据

◆我国能源互联网建设的不足

目前，我国能源行业对数据的利用水平不高，可以获取数据，但无法对数据进行深入挖掘，使其发挥出应有的价值，主要表现在两个方面，如表9–3所示。

表 9–3　我国能源互联网建设的不足

不足	具体表现
能源行业的数据管理体系不完善	例如系统数据无法精准对接、数据结构多样化、数据存储方式存在较大差异、数据标准缺失等，导致企业获取的数据质量不高，很多数据都无法使用
数据分析能力亟待提高	能源企业的数据分析仅限于对数据进行简单的统计分析，将其以表格的形式呈现出来，对机器学习、流计算、批处理等新技术持观望态度，应用能力不足，导致现有数据无法发挥出应有的价值

◆我国能源互联网建设的实践路径

现阶段，能源行业迫切想要接入工业互联网，借助互联网提升数据分析、挖掘与应用能力，完成智能化、数字化升级。具体来看，互联网对能源行业智能化升级的支撑作用主要表现在以下两个方面：

（1）工业无线、时间敏感网络（Time Sensitive Networking，TSN）、IPv6（Internet Protocol Version 6，互联网协议第6版）、5G网络、低功耗广域网等技术可以快速打通能源行业的信息流，对行业关键数据进行整合利用。

（2）借助工业数据管理与分析、工业智能、工业微服务等技术，能源企业可以对获取的数据进行深度挖掘与应用。能源行业接入工业互联网之后，其数据挖掘能力将大幅提升。

随着智能技术不断成熟，基于数据驱动的设备预测性维护、工厂能耗优化、企业智能化管理、产业链协同管理、安全环保生产等典型应用场景将在火电、风电、核电、石化、光伏等行业频频出现。在这些系统和应用的支持下，能源行业将不断降低设备运维成本，提升企业的整体管理水平，实现行业内企业相互协作，使各类资源得到优化配置，最终达到节能减排、提高环保水平的双重目标。

04　占领全球能源互联网制高点

随着新一轮科技革命席卷全球，能源市场全球化的发展趋势越发明显，我国提出构建全球能源互联网的倡议正好顺应了这一趋势。作为构建全球能源互联网倡议的发起国，我国要紧抓机遇，利用在关键技术领域的优势，在全球能源互联网建设过程中抢占优势地位，努力发挥引领作用。为了做到这一点，我国要从技术、资本、管理理念等多个层面发力，秉持新发展理念，积极推动全球能源互联网建设，让能源在世界范围内实现自由流通，让全人类共享发展成果。

◆推动思想理论创新

全球能源互联网建设是一场思想、技术、管理、体制等多维度的创新，其中思想创新尤为关键。因此，为了更好地推动全球能源互联网建设，相关机构与人员要深入学习习近平同志关于全球能源互联网的论述，以交叉学科为基础做好学科建设，为全球能源互联网建设提供理论支持。

◆搭建管理与合作平台

在全球能源互联网建设过程中，搭建一个高规格的监管平台非常重要。对内，我国可以成立专门的监管机构，鼓励能源企业“走出去”；对外，我国要参考国际组织标准，成立一个全球性的能源互联网发展合作组织，定期举办全球能源互联网大会，实现全球能源体系的互联互通。

◆加大技术创新力度

科学技术是第一生产力，科技创新为全球能源互联网建设提供了重要支持。在创新主体方面，我国要积极推进国家级研究院或实验室建设，鼓励中国电力科学院等机构带头加强与其他国家的技术交流与合作，在关键技术领域取得重大突破。在模式推广方面，我国要坚持“点面结合”原则，“点”指的是在部分地区进行技术试点，在试点应用的过程中逐渐形成完善的技术体系；“面”指的是将全球的优势力量集中在一起，创建一个更高效、更先进、更安全的全球能源互联网。

◆优化资金支持环境

全球能源互联网建设是一项全球性的基础设施建设工程，需要巨额资金支持。为了满足工程建设对资金的需求，需要创建一个良好的金融环境，推动融资模式创新。首先是金融主体创新，可以围绕全球能源互联网建设创建专门的投资基金和开发银行；其次是金融工具创新，可以在一些国家和地区尝试发行全球能源互联网债券，创建全球能源期权、期货市场。随着这些举措逐步落地，在理想情况下，全球能源互联网建设将获得全球资本的支持，同时也将为全球资本拓展新的投资空间。

第四部分

低碳工业篇

第10章
低碳工业：推动制造业绿色循环发展

01　工业低碳发展的概念与内涵

在我国，工业是低碳减排的重点行业。据统计，工业能耗占比与碳排放占比都在70%左右，因此减少工业的碳排放，推动工业实现低碳发展，成为我国经济低碳转型、绿色发展的关键。

◆工业低碳发展的内涵

工业低碳发展指的是探索一种低耗能、低污染、低排放的可持续发展模式来发展工业，让工业增长与碳排放实现深度脱钩。想要判断一个国家或地区的工业是否低碳，首先要根据碳排放水平将该国家或地区的所有行业划分为低碳行业与高碳行业。顾名思义，低碳行业指的是碳排放水平较低的行业，包括服装行业、办公用品制造业等；高碳行业指的是碳排放水平较高的行业，包括发电行业、钢铁行业等。如果在一个国家的工业构成中，低碳行业占比较大，就可以简单地认为该国的工业是低碳工业；如果高碳行业占比较大，那么该国的工业就是高碳工业。

但在很多情况下，一个国家和地区总是低碳行业与高碳行业同时存在，无法准确地界定工业是低碳工业还是高碳工业。另外，一个国家或地区的工业总是处在发展状态，碳排放水平也在不断变化。

◆影响工业低碳发展的因素

在目前的工业技术体系下，受供给侧、需求侧、政府政策、市场机制等因素的影响，工业低碳发展呈现出阶段性的特征。下面对影响工业低碳发展的四大因素进行具体分析，如图10–1所示。

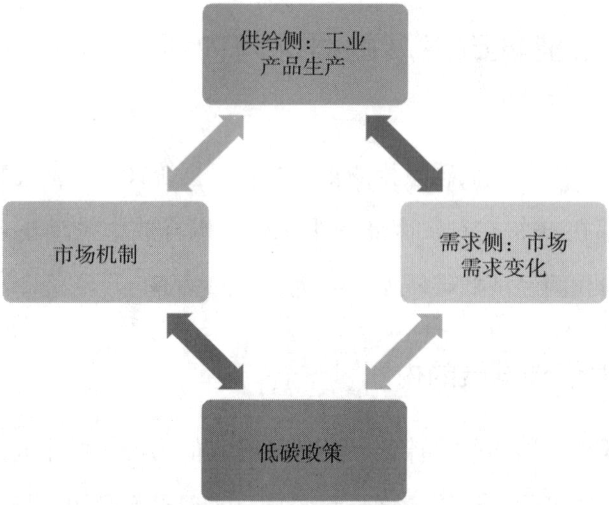

图10–1　影响工业低碳发展的四大因素

（1）供给侧，主要指工业产品生产。这个环节的影响因素主要包括三种：一是规模效应，生产规模的改变，原材料、能源等资源投入的调整会影响产品生产过程中的碳排放；二是技术效应，生产技术的改变、单位产品能耗的调整会对产品生产过程中的碳排放产生影响；三是结构效应，产业或产品结构的改变、高排放生产过程和低排放生产过程占比的调整会影响碳排放。

总体来看，规模效应会导致碳排放增加，技术效应会导致碳排放减少，结构效应在不同的阶段会对碳排放产生不同的影响。工业化初期，规模效应发挥的作用比较大。随着工业化进程不断推进，结构效应发挥的作用不断增大。随着重工业在工业结构中的占比达到最大，工业的产业结构会有所调整，附加值高、碳排放低的工业会迅速崛起，工业技术水平不断提高，技术效应的影响不断增大。

对我国工业从1978年至今的碳排放情况进行分析可以发现：改革开放初期，我国轻工业发展速度非常快，碳排放水平较低；随着工业化进程不断推进，重工业快速发展，碳排放水平不断上升。从2012年开始，我国工业产业结构开始了新一轮的调整，部分行业的碳排放水平在这一年达到了峰值，之后开始下降。

（2）需求侧，主要指市场需求变化。在居民收入水平较低的时期，人们对食物、服装等轻工业品的需求比较大；随着收入水平不断提升，城市化进程不断加快，人们对汽车、住房等重工业产品的需求越来越大；随着居民的收入水平进一步提升，达到高等收入水平，人们对环境、卫生、教育、文化等产品的需求会持续增加。因为轻工业品、重工业品与文化、教育等产品的碳排放不同，所以随着人们的需求不断改变，碳排放也会发生变化。

（3）低碳政策。因为碳排放问题具有外部性，所以政策对工业低碳发展具有很大的影响。只有创建一个鼓励低碳减排的政策环境，相关工业企业才会主动引进先进技术，提高能效，降低能耗，减少碳排放。

（4）市场机制。发达国家的实践经验表明，碳排放权市场可以有效降低工业低碳发展成本，提高工业企业降低碳排放的积极性，鼓励社会资本转向低碳产业。因此，为了鼓励工业企业降低碳排放，我国要建立相关的市场机制，完善碳排放权市场。

02　环境库兹涅茨曲线

20世纪50年代，诺贝尔奖获得者、经济学家库兹涅茨在研究人均收入水平与分配公平程度之间的关系时提出，随着人均收入水平不断提高，收入不平等现象会先升后降，呈现出一条倒“U”形曲线，这就是“库兹涅茨曲线”。

20世纪90年代，有研究者利用“库兹涅茨曲线”研究环境质量与人均收入之间的关系，发现随着人均收入水平不断提高，环境质量会不断恶化，但当人均收入水平提高到一定程度后，随着人均收入水平继续提高，环境质量会有所改善，整个过程也呈现出一条倒“U”形曲线，这就是“环境库兹涅茨曲线”。

环境库兹涅茨曲线应用于工业低碳发展领域揭示了一个非常重要的概念，即碳排放峰值问题。根据环境库兹涅兹曲线，当一个国家或地区的工业发展水平较低时，碳排放水平一般也比较低。随着工业不断发展，碳排放水平会不断提升。当工业发展到一定水平后，即人均收入水平达到某个临界值之后，随着人均收入水平不断提升，工业的碳排放水平就会开始下降，呈现出低碳化发展趋势。在整个过程中，临界值非常重要。在达到临界值之前，工业发展、人均收入水平提升会导致碳排放增长；在达到临界值之后，无论工业如何发展、人均收入水平如何提高，碳排放都会开始下降。这个临界值就是工业碳排放的峰值。

根据环境库兹涅茨曲线，工业低碳化发展要经历一个倒“U”形过程，即在工业化初期，工业碳排放开始增加，进入工业化中后期乃至后期，工业碳排放会达到峰值，之后开始下降。这个过程说明，在工业化发展的不同阶段，工业低碳化发展会呈现出不同的特征。例如，某国家在工业化初期就强调低碳减排，很有可能导致工业化发展不充分，给人们的生活水平、生活质量造成不良影响，无法实现可持续低碳发展。

根据工业低碳化发展的阶段性特征，工业低碳化发展可以划分为四个阶段，如表10–1所示。

表10–1　工业低碳化发展的四个阶段

阶段	具体表现
高碳阶段	在工业化初期或者中期，随着工业化水平不断提高，碳排放也会不断增加。目前，印度等发展中国家正处在这个阶段
低碳阶段	在工业化后期，碳排放达到临界值，之后随着工业化水平不断提高，碳排放开始下降，工业增长与碳排放脱钩。目前，英国、美国等发达国家正处在这一阶段
稳定阶段	碳排放稳定在峰值阶段，不受工业化发展的影响。目前，丹麦等国家正处在这一阶段
转型阶段	转型阶段指的是从工业化中后期向工业化后期转化阶段，在这一阶段，碳排放不断接近峰值。目前，我国就处在这一阶段

03　绿色制造：创造新的经济增长点

在碳中和背景下，我国要推动制造业转型升级，大力发展绿色制造，构建绿色制造体系，转变发展理念，升级技术体系，完善相关标准，鼓励相关企业与机构在核心关键技术领域攻坚克难，推动整个工业体系转型升级，在这个过程中创造更多新的经济增长点。

根据《中华人民共和国国民经济和社会发展第十四个五年规划和2035年远景目标纲要》的要求，在“十四五”期间，我国要全面推进制造强国建设，发展绿色生产，推动传统制造业向绿色、低碳的方向转型，建立绿色低碳的产业体系。在制造业领域，未来几年，我国制造业发展要全面贯彻《中国制造2025》的精神与理念，创建绿色制造体系，全面发展绿色制造。

根据绿色制造的相关理念，制造企业要在保证产品质量与功能的前提下，综合考虑资源利用效率以及生产过程对环境的影响，不断升级技术、优化生产系统，在产品设计、生产、管理全过程贯彻“绿色”理念，推动供应链实现绿色升级，开展绿色就业，降低生产过程对环境的影响，提高资源利用率，切实提高经济效益、生态效益与社会效益。

随着工业化进程不断推进，我国进入工业化后期，制造业的发展空间依然很大，但也面临着新一轮全球竞争带来的严峻挑战。在2008年国际金融危机结束后，全球进入经济复苏阶段，发达国家提出了低碳发展理念，对绿色经济发展产生了积极的推动作用。

在此形势下，我国将发展绿色制造纳入“十四五”发展规划的意义重大。一方面，发展绿色制造可以对新型工业化、“制造强国”建设产生积极的推动作用；另一方面，发展绿色制造可以推进经济结构调整，转变经济发展方式，在全球低碳市场提高竞争力，为能源安全、资源安全提供强有力的保障。

在“十四五”期间，为了做好绿色制造体系建设，我国要出台一些正向激励政策，聚焦理念转变、技术支持、标准完善，对相关企业与机构进行鼓励、引导。具体来看，发展绿色制造要从四个方面着手，如图10–2所示。

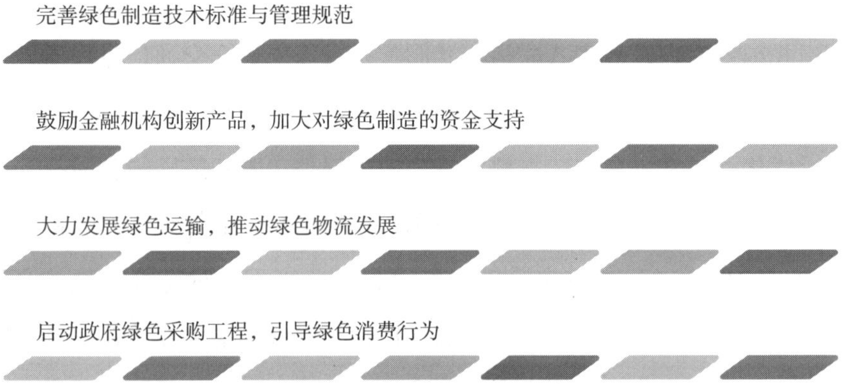

图 10–2　发展绿色制造的四大策略

◆完善绿色制造技术标准与管理规范

围绕绿色技术、绿色设计、绿色产品建立行业标准与管理规范。一方面，我国要对现行标准进行整理、汇总与清查，按照绿色可持续的原则对现有标准进行修订完善，尽快开发新技术、新产品标准，严格实施标准管理；另一方面，我国要积极参与国际绿色标准的制定，推动我国的绿色标准走向世界。

◆鼓励金融机构创新产品，加大对绿色制造的资金支持

制造企业的绿色低碳转型需要大量资金支持，因此，我国要鼓励金融机构参与绿色制造的发展，专门针对制造企业的绿色低碳转型开发金融信贷产品，利用风险资金、私募基金等手段创建有利于制造企业绿色发展的风险投资市场。同时，中央财政、地方财政可以为优秀的中小制造企业提

供担保，鼓励银行加大对绿色低碳转型的中小制造企业的信贷支持。

◆大力发展绿色运输，推动绿色物流发展

我国要大力发展多式联运与共同配送，建立健全交通信息网络，推动运输环节实现绿色发展；创建绿色仓储体系与仓储设施，对仓储布局进行优化；研发绿色包装材料，推广应用绿色包装；鼓励绿色回收，按照快速拆除原则设计回收产品，鼓励相关机构与企业加大在回收技术领域的研发投入，建立并完善拆卸和回收生产线，同时完善回收基地建设；加大对专业回收机构与公司的扶持，鼓励公司推出专业化综合利用服务，扩大回收范围，提高回收比率。

◆启动政府绿色采购工程，引导绿色消费行为

我国要根据实际国情对《政府采购法》进行修补、完善，推动政府采购工程实现绿色化升级，根据绿色标识制定绿色采购产品目录和指南，面向不同的行业与产品制定绿色采购标准和清单，对政府实行绿色采购的责任与义务做出明确规定，并制定完善的奖惩标准，同时在全社会开展宣传教育，引导企业制定绿色发展战略，帮助消费者树立绿色消费理念、培养绿色消费习惯。

04　绿色制造的闭式循环模式

在“制造—流通—使用—废弃”这种传统的制造模式下，企业与消费者都比较注重产品质量，忽视了对废弃物的处理。随着生产技术

不断发展，产品更新换代的速度以及废弃物的产出速度不断加快，找到一种科学的方法对废弃物进行回收利用成为传统制造模式面临的最大难题。

如果说传统制造模式是一种开放的生产模式，那么绿色制造就是一种闭式循环的生产模式，因为它在传统制造流程中加入了“回收”环节。在绿色制造的闭式循环模式下，产品设计、材料选择、加工制造、产品包装、回收处理都要做到绿色、低碳。

◆绿色设计

绿色设计指的是在设计产品的过程中，既要对产品性能、质量、开发周期、开发成本等进行综合考虑，也要对产品生产、使用过程对资源、环境的影响进行充分考虑，对各种设计因素进行优化，在最大程度上减少产品设计与制造对环境的影响。绿色设计是绿色制造的基础，要遵循六大原则，具体如表10–2所示。

表 10–2　绿色设计需遵循的六大原则

原则	具体要求
宜人性	产品在制造、使用过程中不会对人和生态环境造成伤害
节省资源	这里的资源不仅包括各种材料与能源，还包括人力与信息等资源，绿色设计要求产品制造过程减少对上述资源的消耗
延长产品使用周期	使用标准化、模块化结构对易损零部件进行设计，以便在出现损坏时及时更换，从而延长产品的使用周期
可回收性	设计产品时尽量减少用材种类，尽量使用可回收、可分解的材料，以便在产品生命周期终结后可以回收再利用
清洁性	尽量使用污染较小，甚至没有污染的方法制造产品
先进性	满足消费者对产品的个性化需求

◆绿色材料

绿色材料要符合能耗低、噪声小、无毒性、对环境无害等标准，即便对环境和人类有危害，也要可以采取措施减少或者消除这种危害。在绿色制造模式下，生产企业在选择绿色材料时要优先选择可再生材料，尽量选择能耗低、污染小、可以回收、环境兼容性比较好的材料，尽量规避可能对环境造成毒害或者辐射污染的材料，所选择的材料要满足可回收再利用、再制造、容易降解等标准。

◆绿色工艺

绿色工艺又称清洁工艺，要求在提高生产效率的同时减少有毒化学品的用量，改善车间的劳动环境，降低产品生产过程对人体的损害，让产品实现安全与环境兼容，最终达到既提高经济效益，又减少对环境的影响的目的。

例如，改变原材料的投入、对原材料进行就地再利用、对回收产品进行再利用、对副产品进行回收利用等；改变生产工艺、生产设备、生产管理与控制，在最大程度上减少产品生产过程对生态环境、人类健康的损害，做好废弃物排放对环境影响的评价，采取有效措施予以控制。

◆绿色包装

绿色包装要符合以下标准：第一，不会对生态环境、人体健康造成伤害；第二，可以循环使用或者再生利用；第三，可以促进可持续发展。按照发达国家的标准，绿色包装要符合“4R+1D”原则。

- Reduce：减少包装材料的使用，反对过度包装。
- Reuse：可重复使用，不轻易废弃。
- Recycle：可回收再生，把废弃的包装盒制品回收处理并循环使用。
- Recover：利用焚烧获取能源和燃料的资源再生。
- Degradable：可降解腐化，不产生环境污染。

推广应用绿色包装关键要做好三项工作，如表10–3所示。

表 10–3　推广应用绿色包装的三大策略

策略	具体内容
优化产品包装方案	在不影响包装质量的前提下减少包装材料的使用
加强包装技术创新	做好包装材料、包装工艺、包装产品的研发与迭代，研发更多可以实现再利用、再循环、可降解的包装材料，让包装废弃物的回收利用变得更简单、更高效
注重废弃物回收处理技术的研发	鼓励相关企业与机构积极研发包装废弃物回收处理技术，提高废弃物回收利用水平与效率

◆绿色回收处理

随着一个产品的生命周期走向终结，如果不对其进行回收处理，产品就只能作为废弃物堆积在垃圾场，不仅会造成环境污染，还会造成资源浪费。解决这个问题最好的方式就是利用各种回收策略对产品进行回收再利用，让产品的生命周期成为一个闭环。绿色回收处理的最终目的应该是将产品废弃后对环境的影响降至最低。相较于传统的回收策略来说，绿色回收处理的成本更高。现阶段，绿色回收处理要针对不同的情况制定不同的方案。

（1）在产品设计阶段将可拆卸性作为产品设计的一个标准，提高产品的可拆卸性，例如减少紧固件的数量，提高拆卸效率，使用不同的材料以方便分离，实现循环再利用。

（2）在产品设计阶段考虑各种材料回收利用的可能性、回收利用方法、回收利用成本等，从而节约材料、减少浪费、降低对环境的污染。

（3）综合考虑多方面的因素，设计成本更低、效果更好的回收处理方案，用最小的附加成本获得最大的综合利用价值。

第11章
战略抉择：我国工业的“双碳”路径

01　煤炭：驱动煤矿智能化转型

想要如期完成碳达峰、碳中和目标，首先要了解我国的资源禀赋，对煤炭产业的基础性保障作用产生深刻认知。因为在未来很长一段时间，煤炭在我国的能源结构中仍将占据主体地位。同时，为了提高煤炭资源的利用率、减少碳排放，我国要积极推进煤炭第四次技术革命，即煤矿智能化，推动煤炭行业向着智能化、数字化的方向转型升级，形成新产业、新业态，探索一条安全、清洁、低碳、绿色、智能的发展道路。

煤矿智能化可以对各种信息进行实时感知，切实提高风险管控的质量；打造“人—机—环—管”的数字化闭环，让各个环节实现高效协同，开展自动化作业与生产；为工人创造更优质的工作环境，创造更多价值。

因此，在未来的发展中，煤炭行业要紧抓5G、大数据、人工智能、区块链等新一代信息技术与传统行业融合发展的机遇，积极开展技术创新、应用创新和模式创新，拓展综合能源服务，同时与互联网相结合实现智能化升级，具体策略如图11-1所示。

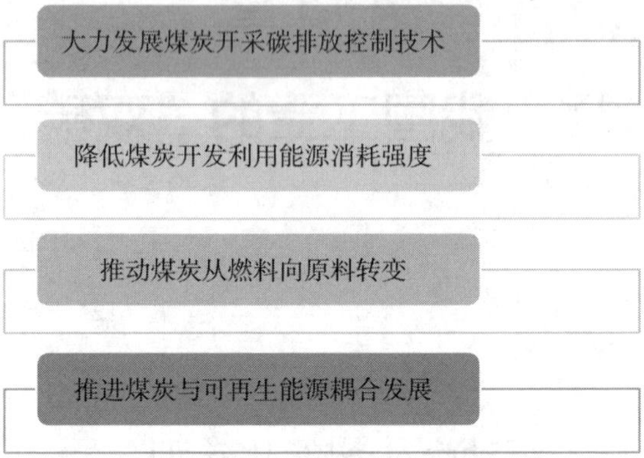

图11-1 煤炭行业智能化发展的四大策略

◆大力发展煤炭开采碳排放控制技术

煤炭开采碳排放主要有两大来源，一是煤炭开采设备在运行过程中产生的二氧化碳，二是煤炭开采过程中产生的煤层气（煤矿瓦斯）。为了减少煤炭开采的碳排放，煤炭企业可以引入智能变频永磁驱动等节能技术减少煤炭开采设备的能耗，使用矿井水、回风、瓦斯等余热资源代替部分煤炭消耗，对煤炭开发过程中的甲烷排放进行有效控制与利用。另外，煤炭企业还要积极推进关键共性技术开发，建立可以在不同地质环境、不同开发条件下应用的煤层气抽采利用技术、工艺和装备体系，对煤层气进行开发利用，提高煤层气利用规模与效率，在减少碳排放的同时增加天然气供应，一举两得。

◆降低煤炭开发利用能源消耗强度

政府要加强对煤炭企业的宣传教育，培养煤炭企业节能减排的责任感，降低单位产品能耗。煤炭企业可以引入高能效开采技术和设备减少开采过程中的能耗，并对煤炭开采过程中产生的余热、余压等进行综合利用，实现全方位节能；对各种高效清洁发电技术进行推广应用，包括清洁高效热电联产技术、超超临界二次再热技术、特殊煤种超超临界循环流化床等；改善煤炭开发利用技术，提高煤炭利用效率，减少煤炭用量，这种方式的碳减排效果比碳捕集、封存技术的碳减排效果要好很多，而且成本更低。

与国外发达国家相比，我国煤炭利用率还有很大的提升空间。钢铁、建材、化工、煤电企业进行技术改造与工艺升级，可以大幅减少煤炭使用量，减少碳排放。据预测，通过提高煤炭利用效率，开展系统节能，到2030年，煤炭行业对碳减排的贡献可能超过50%。

◆推动煤炭从燃料向原料转变

煤化工可以有效减少碳流失，推动煤炭行业低碳发展。在煤化工领域，煤制油、煤制天然气可以在转化过程中捕捉高浓度的二氧化碳，切实提高节碳率；煤制甲醇、烯烃、乙二醇等工艺，可以让部分二氧化碳进入产品，固定30%~40%的二氧化碳，提高节碳率，减少碳流失。

煤炭企业可以将煤炭转化与可再生能源，碳捕集、利用和封存技术整合应用，创建低碳、清洁、高效的现代煤化工产业体系；提高煤化工行业的发展水平，改变煤炭单一燃料的属性，赋予其原料、燃料的双重属性；对能源安全、市场供需、环境保护等多重因素进行综合考量，科学地发展现代煤化工产业，继续致力于煤炭焦化、气化、煤炭液化（含煤油共炼）、煤制天然气、煤制烯烃等行业的关键技术研发；推动现代煤化工产业链不断地向上下游延伸，推动煤基新材料规模化发展。

◆推进煤炭与可再生能源耦合发展

煤炭行业想要突破碳减排瓶颈，必须依赖于大规模、低成本的碳减排与储能技术的突破，与可再生能源实现耦合发展，让可再生能源高比例接入现有的能源体系，完成新能源体系的创建。煤炭与新能源进行耦合化学转化、耦合发电、耦合燃烧，不仅可以大幅减少碳排放，而且可以切实扩大新能源的利用规模。

这样不仅可以提高煤电发电效率，而且可以切实保障电力安全。在世界各国、各行各业努力进行碳减排的形势下，煤炭行业必须加大碳减排力度，为我国的碳减排事业做出更多贡献，同时对新能源发展产生积极的推动作用。

02 钢铁：氢能冶金的低碳化路径

在碳中和目标下，我国工业、能源行业都要开始减少二氧化碳排放。在我国的碳排放结构中，工业的碳排放占比巨大，碳减排的路径有两条：一是用清洁能源替代传统的化石能源，减少二氧化碳排放；二是研发或引进先进技术，提高能源利用效率，减少碳排放。在第一条路径中，氢能是很好的替代能源，在未来很长一段时间，氢能都会在工业领域的碳减排中发挥重要作用。

工业碳减排最大的挑战来自钢铁、冶金、水泥等高耗能、高碳排放产业。据统计，在全球的工业碳排放中，钢铁、水泥等产业大约贡献了45%。在这些产业的碳排放中，工业原料消耗贡献了45%，生产高位热能①贡献了35%，生产低位热能②贡献了20%。

对于高耗能产业来说，电能替代很难减少碳排放。根据麦肯锡《工业部门脱碳方案》，即便高耗能产业实现了可再生能源电气化，也只能减少20%的生产低位热能产生的碳排放，剩下的80%的碳排放根本无法解决。而炼钢、冶金、石化、水泥生产等行业需要大量高位热能，这部分热能很难通过电气化的方式解决。

以钢铁行业为例，在工业领域，钢铁是碳减排的重点。目前，全球75%的钢铁采用的是高炉生产，在生产过程中需要添加焦炭作为铁矿石还原剂。在这种生产模式下，生产1吨生铁需要消耗1.6吨铁矿石、0.3吨焦炭、0.2吨煤粉，二氧化碳排放达2.1吨。在整个生产过程中，高炉还原过程产生的碳排放在碳排放总量中所占比重高达90%。为了减少二氧化碳排放，一些企业开始使用天然气代替焦炭作为还原剂，然后通过电弧炉将海绵铁转化为钢。虽然这种方式有效减少了碳排放，但无法实现深度脱碳。

为了让钢铁行业实现深度脱碳，西方发达国家开始探索氢冶金技术，取得了较大的进展。

在最新的氢冶金技术中，在温度达到矿石软化温度之前，可以将氢

---

① 高位热能又称高位发热量，指的是1千克燃料完全燃烧时放出的全部热量。

② 低位热能又称低位发热量，指的是从高位发热量中减去煤样中水的汽化潜热后的发热量。

气作为还原剂，将铁矿石转化为海绵铁。通过这种方式生产的海绵铁，碳和硅的含量都比较低，成分与钢非常接近，可以替代废钢直接用来炼钢。用氢能作为还原剂，可以在最大程度上减少炼钢过程中的碳排放。随着可再生能源成本不断下降，可再生能源电解水制氢工艺不断成熟，在轧铸环节使用可再生能源发电，基本可以让钢铁行业实现深度脱碳，二氧化碳实现近零排放。

在我国，很多钢铁、冶金企业都在尝试利用氢能减少碳排放，实现深度脱碳。例如，中核集团、中国宝武集团正在探索用氢气作为还原剂的氢冶金技术，促使钢铁冶金行业的碳排放大幅下降，基本实现近零排放。除此之外，中核集团与中国宝武集团还与清华大学签署了《核能—制氢—冶金耦合技术战略合作框架协议》，对核能制氢展开深度探索。

随着工业化在全球蔓延，化石燃料的使用范围不断拓展，虽然提高了经济社会的发展速度，但也带来非常严重的污染问题与气候问题。据研究，化石能源的使用导致全球温度升高了1℃左右，气候变暖带来的海平面上升、极端天气等使大多数国家深受其害。如果不控制二氧化碳排放，遏制气候变暖趋势，全球将有更多国家和地区受到威胁。

如果说气候问题的罪魁祸首是工业化，那么该问题就要通过工业领域的低碳化来解决。近几年，发达国家在氢能产业领域积极布局，将氢能作为能源创新的重要方向，我国也是如此。在工业领域实现碳中和的过程中，氢能是很好的替代能源，可以帮助工业企业实现深度减排。但对于工业企业来说，目前，利用氢能进行碳减排的最大挑战来自成本问题。随着制氢技术不断成熟、成本不断下降，这一问题将迎刃而解，氢能源的利用空间将变得非常广阔。

03　石化："十四五"重构石化工业

在碳中和背景下，我国石化行业迎来了转型发展的重大机遇。在新冠肺炎疫情结束后，"绿色复苏"将成为世界经济发展的主流方向，我国也会大力推进低碳发展，为石化行业低碳转型、高质量发展带来机遇。在此形势下，我国石化行业要采取如图11–2所示的措施，紧抓机遇，直面挑战。

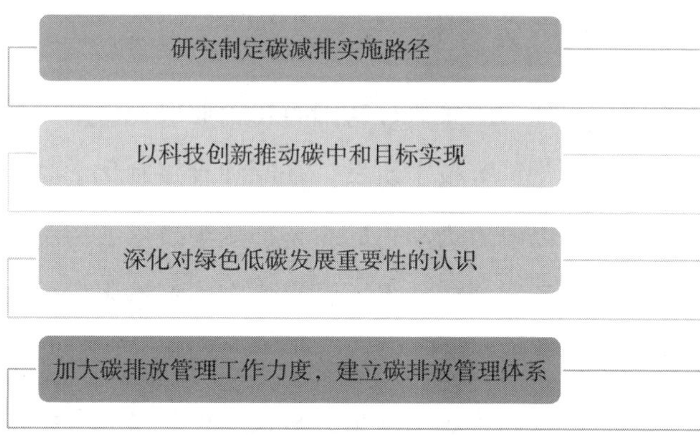

图 11–2　石化行业低碳发展的四大策略

◆研究制定碳减排实施路径

石化行业要根据我国"2030年实现碳达峰，2060年实现碳中和"的时间规划，分阶段设立碳减排的短期目标、中期目标和长期目标，从以油气生产为主转向以生物质能、氢能等非化石能源为主，围绕油品替代、生产用能、原材料替代等制定具体的实施路径，同时政府要出台与之配套的政策体系与体制机制。

对于"十四五"时期的发展规划，我国石化行业要立足于行业实际，对国家碳减排的长期目标进行充分考虑，同时保证进入“十五五”“十六五”之后，甚至在更长时期，石化行业的碳减排规划可以延续下去。同时，政府要鼓励部分地区的石化企业打造碳减排试点，利用先进的碳减排技术与管理模式，在大型炼化一体化项目的带领下，使下游烯烃产业链、芳烃产业链、化工新材料/精细化学品产业链实现协同发展，同时大规模开展碳捕集、利用与封存项目，打造二氧化碳近零/净零排放示范工程。

◆以科技创新推动碳中和目标实现

为了降低能耗，减少碳排放，我国石化企业要积极推进新技术、新工艺、新设备、新催化剂等技术研发，在原油直接制化学品技术、先进生物燃料制备技术、以电力为动力的新型加热炉技术、传统石化与新一代信息技术深度融合的智能化技术、石墨烯等新型纳米催化材料技术等领域取得重大突破。

同时，石化企业可以聚焦国家重大科技专项，发起一些低排放技术研发和创新项目，例如利用废弃塑料、生物质、天然气等原料直接制备化学品，打造绿色二氧化碳化工利用平台，利用碳捕获、利用与封存技术对传统石化厂进行改造，帮助石化企业实现净零排放，加大在氢燃料电池、太阳能电池、先进储能材料等领域的投入，大力发展新能源汽车、非化石能源等低碳产业。

◆深化对绿色低碳发展重要性的认识

目前，我国石化行业正在向高质量方向转型发展，必须加强对低碳减排、应对气候变化的认知，在项目规划、设计、建造、运营、管理等环节深入贯彻低碳发展理念与思路，建立健全行业绿色评价指标体系和标准体系，对行业绿色产品、工艺与生产基地做出科学评价。

另外，石化行业要建立绿色责任考核体系，强化石化企业碳减排的责任意识，尝试将地区的碳减排任务分散给大型石化企业，让石化企业与政府共同承担碳减排责任，助力碳达峰、碳中和目标更好地实现。

◆加大碳排放管理工作力度，建立碳排放管理体系

石化企业要响应国家的碳减排政策，主动承担碳减排责任，积极开展碳普查，按照《中国石油化工企业温室气体排放核算方法与报告指南（试行）》中规定的方法对碳排放规模进行准确核算，创建温室气体排放台账，编制碳减排规划，根据企业自身的实际情况制定碳减排路径，探索低碳发展策略。

石化企业要积极参与全国碳市场建设，强化碳资产管理，对碳金融等手段进行灵活运用，创建碳排放管理组织机构，搭建碳资产和碳交易管理的IT信息平台，建立健全低碳管理体系与制度，同时做好碳市场相关政策的宣传与普及，不断改进碳核算技术，培养一支专门的管理团队，保证碳减排任务顺利完成。

04　建材：实现“双碳”目标的主要举措

建筑材料行业为我国经济发展提供了重要的原材料支撑，在经济高速发展过程中做出了突出贡献，但也是典型的资源能源承载型行业。我国建筑材料生产与消费连续多年高居世界第一，是我国碳减排的重点行

业之一。在碳中和背景下，建筑材料行业的碳减排不仅有利于推进生态文明建设，也有助于双循环新发展格局的构建，对我国如期或者提前实现碳达峰、碳减排有着积极的推动作用。

"十四五"时期，经济高质量发展、生态环境持续改善仍是社会经济发展的主旋律。在此形势下，在碳达峰目标的加持下，建材行业必须坚持高质量发展理念，面向碳达峰、碳中和目标的实现，立足于行业实际规划碳减排路径，制定碳减排措施，尽可能提前实现碳达峰目标。具体措施如图 11–3 所示。

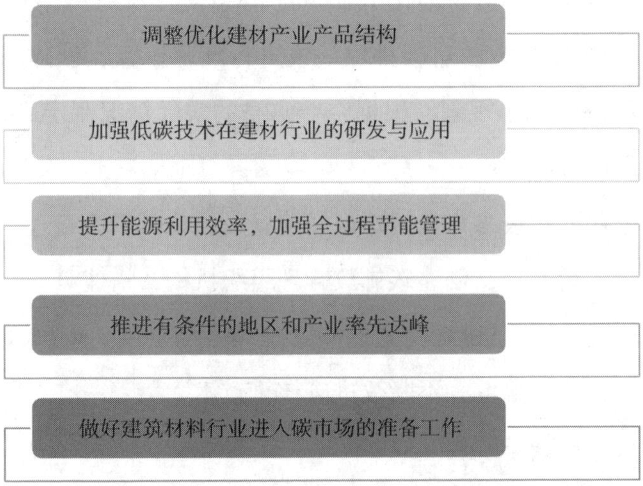

图 11–3　建材行业实现"双碳"目标的五大措施

◆调整优化建材产业产品结构

建材行业要对行业发展目标进行修订，新增能耗、限制排放、资源综合利用等约束性指标，从源头减少二氧化碳排放，尽快淘汰落后产能，严格推行减量置换政策，尽快消化过剩产能，坚决遏制违约新增产能，向终端化、轻型化、制品化方向发展。建材行业要鼓励行业内企业研发新产品、新技术、新装备，发展新业态，优化生产流程，开展柔性化、集约化生产，从而减少碳排放总量；同时鼓励行业领军企业对各类资源进行优化整合，提高产业链、价值链的附加值，推动其向着高品质方向发展。

◆加强低碳技术在建材行业的研发与应用

建材行业要围绕碳减排探索技术性路径，优化生产工艺，致力于新型胶凝材料技术、低碳混凝土技术和吸碳技术的研发，同时加强对低碳建材的研发，例如低碳水泥等，将建材对废弃物的消纳能力充分发挥出来，提高行业利用废弃物的水平，在最大程度上实现工业副产品循环利用，节约资源，减少产品生产过程中的温室气体排放。同时，建材行业要推广应用窑炉协同处置垃圾（生活垃圾、污泥、废弃物等）技术，提高燃烧替代率，同时对碳捕集、利用等技术进行推广，通过工程、生物等技术手段对矿山环境进行综合治理，让矿山的地质环境达到稳定，生态环境不断恢复，从而实现碳中和。

◆提升能源利用效率，加强全过程节能管理

建材行业要坚持“节能优先”的原则，对重点用能单位进行监管，明确能耗限额标准并严格执行，将在节能减排、提高能效方面表现优异的企业打造成行业标杆，带领其他企业达到能效利用标准；面向企业的能源使用建立专门的管理体系，利用信息化、数字化和智能化技术加强能耗管理；对水泥、平板玻璃、陶瓷等高能耗行业开展节能诊断，全面提高能源利用效率，探索碳减排路径，全面挖掘碳减排空间，提高碳减排质量。

◆推进有条件的地区和产业率先达峰

建材行业可以对各细分产业与产业发展地区进行评估，鼓励经济发展水平高、在节能减排方面有天然优势的地区率先实现碳达峰。以建材行业碳减排的重点产业——水泥产业为例，我国水泥产业主要集中在广东、江苏、山东、安徽、浙江、河北等省份，这些省份要根据自身的实际情况研究制定碳达峰路径，减少水泥产量，控制新增产能，控制二氧化碳排放，改善环境质量，尽快实现碳达峰，为行业碳达峰的实现提供助力。

◆做好建筑材料行业进入碳市场的准备工作

建材行业要配合政府部门建设碳排放权交易市场，对建材行业各细分产业的碳排放限额做出明确规定，研究制定建筑材料各主要产业的碳排放标准；鼓励水泥和平板玻璃两大产业率先进入碳市场，制定企业参与碳交易的方案，开展碳交易模拟试算与运行测试；引导其他产业对碳排放情况进行全面调查，有序进入全国碳市场。

第12章
智能工业：驱动传统制造数字化转型

01　5G工业互联网的场景应用

2019年的政府工作报告明确提出，要“加强新一代信息基础设施建设”；2020年3月初工信部召开的专题会提出，要加快5G发展，积极推进新型基础设施建设，其中工业互联网建设是一大重点。目前，通过发展工业互联网推动制造业转型升级已经成为一项共识。随着新基建不断推进，5G、工业互联网等与工业经济深度融合，将催生更多新业态、新应用，推动传统工业场景不断变革。

进入5G时代之后，移动互联网技术与应用转至产业互联网，将推动第二产业发生巨大变革。对于工业互联网来说，高速率、低时延、高可靠、广连接的5G网络可以为其发展提供良好的条件，带领未来的工业进入全新的发展阶段。

在工业经济时代，工业与通信之间为平行关系。进入5G时代，随着工业互联网与5G网络相互融合，在制造业、矿业、能源、化工、港口、机械、船舶、飞机、电力等领域催生了很多新应用，对工业场景变革、产业转型升级产生了积极的推动作用。目前，5G工业互联网的应用场景主要有三种，如图12–1所示。

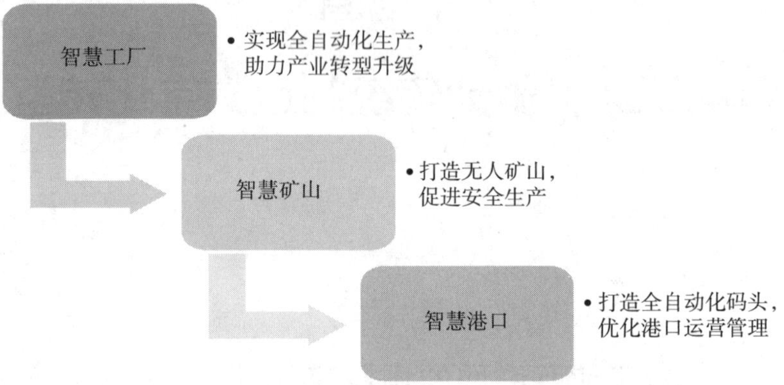

图12–1　5G工业互联网的三大应用场景

◆智慧工厂：实现全自动化生产，助力产业转型升级

在5G时代，工业互联网的创新应用主要集中在智能制造领域。在高速率、低时延、高可靠、广连接的5G网络环境下，工业企业可以不断提高数字化、网络化、智能化能力，实现智能制造。

在智能制造领域，海尔开发了全球第一个引入用户全流程参与体验的工业互联网平台——COSMOPlat，该平台实现了5G与智能制造的深度融合，开发出5G机器视觉云化、5G+AR远程运维指导及5G智能设备管控等应用，实现了生产过程全自动化，并且可以利用智能终端对生产过程进行远程管控。

以海尔冰箱互联工厂为例，该工厂创新性地将云化机器视觉系统与5G、边缘计算等技术深度融合，可以在生产环境中进行门缝检测、OCR识别。同时，在高速率的5G网络的支持下，海尔冰箱互联工厂可以采集海量数据，并将数据汇聚到边缘云，利用大数据技术进行深度挖掘，让产品检测结果更准确，从而保证产品质量。未来，海尔冰箱互联工厂模式或许会成为一种通用的互联网解决方案，在智慧物流、智慧园区及智慧家庭等领域推广应用。

◆智慧矿山：打造无人矿山，促进安全生产

矿业是能源安全的重要保障，传统的开采模式主要有两种，一种是露天开采，另一种是地下开采，这两种开采方式都伴随着环境污染、生态破坏以及各种安全问题。进入5G时代之后，借助工业互联网打造智慧矿业，可以使整个行业的生产效率、盈利水平、安全管理水平得到大幅提升。

包头钢铁是全球最大的稀土工业基地和钢铁工业基地。从2019年开始，包头钢铁与中国移动深度合作，利用5G与工业互联网全面布局智慧矿山建设，从三个层面实现了创新应用，具体分析如下：

（1）无人驾驶，包括矿车的无人驾驶、编组行驶及采矿设备的无人操作等，切实保证了生产过程的安全，使生产效率得到大幅提升。

（2）无人机测绘，利用无人机开展高清测绘，对地理数据进行高精度分析，为采矿组织与管理提供更科学的依据，防止滑坡、塌方等事故发生。

（3）调度系统。利用上述两个系统传输的数据，优化生产调度系统

与作业流程。矿业工业互联网对网络传输时延有很高的要求。在传统网络环境下，对生产场景的远程监测与遥控需要通过有线网络来实现。但矿山地理环境复杂，一方面有线网络无法布设，另一方面有线网络无法串联起大量移动设备和转动部件。在高速率、低时延、广覆盖的5G网络的支持下，矿业工业互联网平台可以充分发挥智能管理能力，开展远程控制、监测和数据传输，对整个生产管理流程进行优化。

◆智慧港口：打造全自动化码头，优化港口运营管理

随着经济不断发展、经济全球化进程持续加快，港口的功能越发丰富，其不仅是物流运输的中转中心、配送中心和仓储中心，还为区域腹地经济发展与对外开放提供强有力的支持。在5G、工业互联网的支持下，港口运营管理质量与效率将得到大幅提升。

以青岛港全自动化码头为例，该码头利用5G与工业互联网让岸桥、轨道吊实现了自动化运作，可以自动抓取、运输集装箱，并将现场的高清视频回传；在自动化作业过程中，可以对设备的运行状态进行实时监控，对设备可能发生的故障进行预判，提前采取维护措施，打造一站式港口服务。疫情期间，青岛港全自动化码头表现出显著优势，不仅减少了人力消耗，而且切实提高了码头的运营效率与管理水平，使运营成本大幅下降。

随着5G网络实现规模化商用，工业互联网开始向各行各业渗透，与各个行业深度融合，推动行业产业链、价值链优化升级，推动行业更好地发展。

02　AI赋能工业数字化转型

近年来，工业互联网平台快速崛起，凭借海量数据收集与处理能力、高效的算法与强大的算力，为人工智能在工业领域的应用提供了强有力的支持。人工智能在工业互联网平台的深入应用，将推动传统生产模式向智能化方向转型升级，对工业转型升级产生积极的推动作用。具体来看，人工智能在工业互联网平台的应用主要涵盖设备层、边缘层、平台层和应用层四大层面，如图12–2所示。

图12–2　人工智能在工业互联网平台应用的四个层面

◆设备层：机器智能构建新型人机关系

在工业互联网平台的支持下，企业可以在生产、控制、研发等环节应用人工智能技术，重构人、机、物之间的关系，实现人机协同、互促共进，具体应用如表12–1所示。

表 12–1　人工智能在工业互联网设备层的应用

应用	具体措施
设备自主化运行	企业可以用机器学习算法、路径自动规划等模块对机械臂、运输载具和智能机床等产品进行改造，让它们根据不同的工作环境与加工对象进行自动调整，让设备操作变得更精准、更自动化
人机智能化交互	企业可以利用语音识别、机器视觉等技术让人与机器实现智能交互，提高控制装备的感知能力与反馈能力，让它们自由应对各种复杂的工作环境
生产协同化运作	企业可以利用人工智能技术将人机合作场景转变为学习系统，不断地对运行参数进行优化，从而创造出最佳的生产环境，提高生产效率，降低安全风险。例如，德国Festo公司利用仿生协作型机器人开发了一款智能化工位，用机器取代人从事危险系数较高的工作以及重复性劳动，极大地提高了生产效率，降低了生产过程中的各种风险

◆边缘层：边缘智能提升边缘侧实时分析处理能力

在工业互联网的边缘层，企业可以利用边缘智能技术对终端设备与边缘服务器进行整合，提高数据传输的有效性，降低模型推理的延迟与能耗。具体应用表现在三个方面，如表12–2所示。

表 12–2　人工智能在工业互联网边缘层的应用

应用	具体措施
智能传感网络	企业可以利用AI技术搭建智能网关，让OT与IT之间的复杂协议转换变得更加动态，切实提高数据采集与连接效率，提高对各种问题的应对能力，例如带宽资源不足、网络突然中断等
噪声数据处理	企业可以利用智能传感器对多维度数据进行采集，利用人工智能软件减小确定性系统误差，让数据变得更精准，将物理世界的隐性数据以显性化的方式呈现出来
边缘即时反馈	企业可以利用分布式边缘计算节点进行数据交换，对云端广播模型与现场提取的数据的特征进行比对分析，利用边缘设备提高本地响应的速度与效率，优化各环节的操作流程，降低云端计算压力，缩短数据处理时延，实现云端协同

◆平台层：大数据分析构建“数据+认知”算法库

在平台层，工业互联网平台以PaaS架构为基础，打造了一条涵盖数据存储、数据共享、数据分析、工业模型等的数据服务链，将基于数据科学与认知科学的工业知识与经验存储到人工智能算法库中。具体应用如表12-3所示。

表12-3　人工智能在工业互联网平台层的应用

应用领域	具体措施
数据科学领域	企业可以利用机器学习、深度学习构建数据算法体系，对大数据分析、机器学习、智能控制等算法进行综合利用，利用仿真与推理解决问题
认知科学领域	企业可以立足于业务逻辑，利用知识图谱、专家系统搭建认知算法体系，解决企业风险管理等比较模糊的问题

◆应用层：商业智能提升工业App数据挖掘深度

在应用层，企业可以利用工业互联网提供的工具，面向不同的应用场景开发人工智能应用，利用人工智能技术提高生产水平，为用户提供定制化的智能工业应用与解决方案。具体来看，这类应用主要包括表12-4所示的几种类型。

表12-4　人工智能在工业互联网应用层的应用

应用方向	具体措施
预测性维护	利用机器学习对设备运行的复杂非线性关系进行拟合，对设备运行故障进行精准预测，降低设备的维护成本与故障发生率
生产工艺优化	通过深度学习避开机理障碍，对数据之间隐藏的抽象关系进行挖掘，建立相关模型，找到最优的参数组合
辅助研发设计	利用知识图谱、深度学习等技术创建设计方案库，对设计方案进行实时评估，找到最佳的设计方案
企业战略决策	利用人工智能技术对工业场景中的非线性复杂关系进行拟合，提取非结构化数据创建知识图谱与专家系统，为企业战略决策提供科学依据

03 基于工业大数据的全流程应用

智能制造的实现离不开工业大数据的支持，只有工业大数据、云计算、人工智能等技术共同作用，才能推动工业生产方式变革，促使工业经济实现创新式发展。大数据分析技术可以赋予工业大数据产品多种能力，包括海量数据挖掘能力、多源数据集成能力、多类型知识建模能力、多业务场景分析能力、多领域知识发掘能力等，使工业大数据的潜在价值得到充分释放，为企业的业务创新与转型升级提供强有力的支持。

工业大数据涵盖了研发与设计、生产、物流、销售、运维与服务等产品生命周期的各个阶段，其中，生产、物流与销售可以归入生产与供应链单元。这样一来，基于工业大数据的全流程应用就可以划分为三大单元，分别是研发与设计、生产与供应链、运维与服务，每个单元都有具体的应用，如图 12–3 所示。

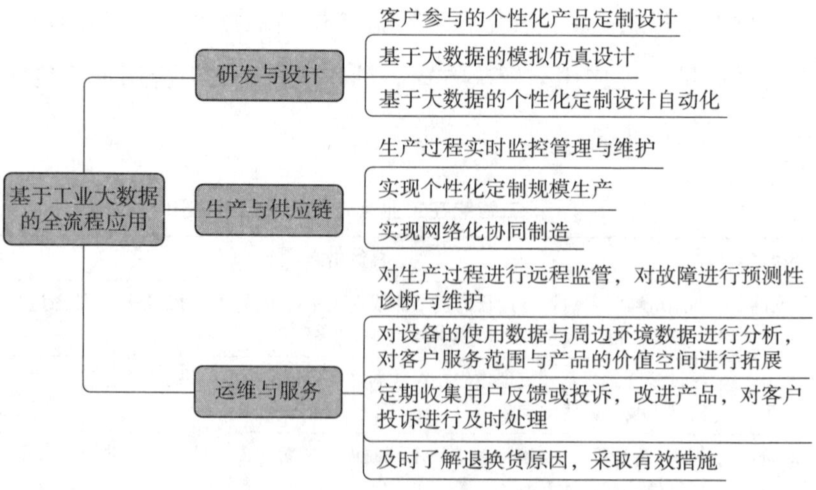

图 12–3 基于工业大数据的全流程应用

◆研发与设计

（1）客户参与的个性化产品定制设计。企业可以利用互联网搜集用户对产品的个性化需求，获取产品与客户的交互数据，以及真实发生的交易数据，对这些数据进行挖掘分析，让用户参与到产品设计中来，真正实现定制化设计，然后将设计好的生产交给柔性化生产链，最终制作出可以满足用户个性化需求的产品，实现产品定制化设计与生产。

（2）基于大数据的模拟仿真设计。在传统的生产模式下，在产品测试、验证等环节，企业需要生产少量实物产品来评测其功能，测试次数越多，成本越高。现阶段，企业可以利用虚拟仿真技术对产品研发、设计等环节进行模拟，对产品的功能、性能进行评估与优化，从而减少实际测试的次数，降低产品研发设计阶段的成本与能耗。

（3）基于大数据的个性化定制设计自动化。在传统的生产模式下，企业会设计几款产品模型，从中挑选一款进行批量化生产。虽然传统生产模式具有规模化优势，但无法满足小批量生产需求，会在无形中增加产品的生产成本，延长产品的生产周期。在工业互联网时代，企业可以利用积累的产品数据设计模型，对数据之间的关系进行深入挖掘，在大数据技术及其他辅助设计工具的支持下开展个性化设计，自动生成产品模型。

◆生产与供应链

（1）生产过程实时监控管理与维护。现代化工业生产线安装了很多小型传感器，可以对生产设备运转过程中的温度、压力、热能、震动、噪声等参数进行实时感知，对生产过程进行实时监测，对设备故障进行科学诊断，对设备运行过程中产生的能耗、质量事故等进行分析，还可以将生产制造各个环节产生的数据进行整合，面向生产过程建立虚拟的模型，不断地对生产流程进行优化。

（2）实现个性化定制规模生产。通过让产品全生命周期内的数据自动流转，生产制造过程实现自动化、智能化控制，可以共享各类信息，全面推进系统整合与业务协同，切实提高制造水平与能力，开展个性化定制规模生产，创建现代化的生产体系，推动智能生产、智能制造尽快落地。

（3）实现网络化协同制造。生产企业可以利用互联网对生产资源进行优化整合，在企业内部开展纵向协同，在企业之间开展横向协同，通过与共享经济联动促使创新资源、生产能力、库存等实现共享，推动制造业共享经济不断发展。

◆运维与服务

（1）制造企业可以利用互联网对产品运行数据进行实时采集，对生产过程进行远程监管，对故障进行预测性诊断与维护，从而降低设备维护成本，切实提高产品的利用率。

（2）制造企业可以对设备的使用数据与周边环境数据进行分析，对客户服务范围与产品的价值空间进行拓展，将企业经营管理的重心从产品转向制造与服务。

（3）制造企业可以通过互联网定期收集用户反馈或投诉，参考用户提出的有价值的意见改进产品，对客户投诉进行及时处理，提高产品质量，同时提高用户对售后服务的满意度，减少客户投诉。

（4）如果出现退货或者返修等情况，制造企业要及时了解原因，采取有效措施，提高产品质量，减少产品退货或返修等事件的发生频率。

04 区块链在工业领域的实践路径

区块链技术是多种计算机技术的新型应用，主要包括加密算法、共识机制、点对点传输、分布式数据存储等技术应用新模式。从狭义的角度看，区块链是一种去中心化的共享总账（Decentralized Shared Ledger），具有不可篡改和不可伪造的特性，其本质是一种以链条方式将数据区块按照时间顺序组合形成的特定数据结构，能够安全存储简单的、序列化的、经由系统验证的数据。从广义的角度看，区块链是一种去中心化的新型基础架构与分布式计算范式，其加密链式区块结构可以用于数据验证与存储；分布式节点共识算法可以用于数据的生成与更新；自动化脚本代码可以用于数据的编程与操作。

◆区块链在工业互联网领域的应用价值

区块链具有去中心化、不可篡改、不可伪造、可加密、可溯源等特性，基于这些特性，区块链技术在工业互联网领域有着广阔的应用空间。具体表现在四个方面，如图12-4所示。

（1）业务数据可信化。区块链与传统分布式数据库存在较大区别，前者采用“人人记账”的理念，所有参与主体都有记账的权利，每个主体都能保存所有的历史记录，同时也都能保存最新的记录；而后者却无法做到这些。

这种存储方式虽然会导致数据高度冗余，但可以使数据全程留痕，确保账本数据不可篡改，大大提升信息的透明度，有助于各方实现信息共享和协同合作。

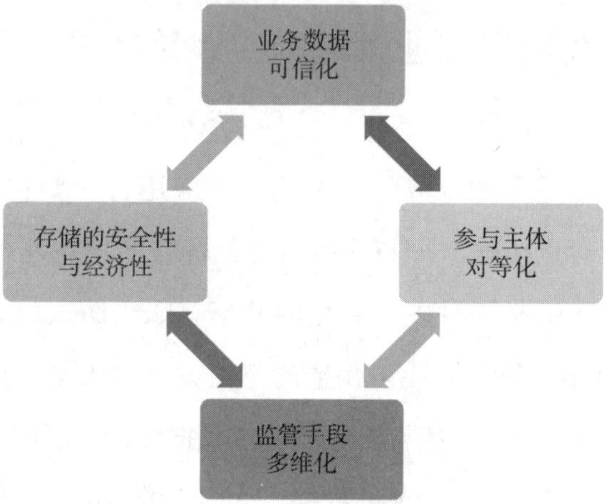

图 12–4　区块链技术在工业互联网领域的四大应用

（2）参与主体对等化。不同部门在合作建设信息系统时往往会遇到这样一个难题，即难以决定由哪个部门来管理集中存储的数据。各部门可以利用区块链技术解决这一难题。区块链技术采用的是分布式记账方式，可以让每一个参与主体拥有与自身对等的身份、权力、责任和利益，轻松解决“业务主权”问题。与此同时，它还能使所有参与主体同步更新实时数据，这不仅能使各方之间的合作更加方便、快捷，还能极大地提高参与主体合作的积极性。

（3）监管手段多维化。在区块链技术的支持下，企业可以将内部监控作为自己的监管部门。具体操作如下：以区块链平台为载体，增设监管节点，实时采集监管数据，制定监管数据的统计口径、颗粒度等，实现快速分析和决断。同时，企业还要采用可编程的智能合约，完善监管规则，将监管重点从监控工业管理、生产过程上升到监控系统性风险，建立全流程监管体系，降低工业生产的风险，维护网络体系的稳定。

（4）存储的安全性与经济性。传统存储通常采用单个数据中心完成数据存储，可靠性比较低；而区块链存储采用多数据中心存储技术，可以有效解决传统存储可靠性较低的问题。

区块链存储可以将数据存储到成千上万个节点上，有效提高数据存储的可靠性，确保商业数据存储安全。区块链存储比桌面级存储、企业级存储、云存储更具优势，主要体现在四个方面，如表12–5所示。

表 12–5　区块链存储的四大优势

优势	具体表现
可靠性更高	区块链存储采用冗余编码模式将数据存储到成千上万个节点上，可以有效规避单点故障造成的负面影响
服务的可用性更高	由于区块链存储可以利用众多的节点来分担负载，所以服务可用性要比一般的储存方式高得多，至少比云存储高1亿倍
成本更低	区块链存储比其他存储的成本更低，这是因为区块链技术可以完美地解决数据重复问题，可以通过去除重复数据降低成本。不仅如此，区块链存储还能通过降低数据冗余率来降低成本。另外，在区块链存储节点建设方面，企业需要投入的成本也很低。因此，总体来看，区块链存储成本更低
异地容灾性更强	传统中心化存储最高级别的容灾配置是“两地三中心”，由于传统数据存储中心的建设成本较高，所以“两地三中心”的配置对企业来说是一笔不小的花费。而“两地三中心”的配置容灾率并不高，所以目前全球企业和机构普遍面临较大的数据存储风险。区块链存储采用“千地万中心”的配置，可以大幅度提升数据存储的容灾率。对传统中心化存储来说，“千地万中心”的配置是难以想象的奢侈品，但是对区块链存储来说，这种配置只是“容灾”的标准配置而已

◆区块链在工业互联网领域的场景实践

（1）区块链+安全认证。利用区块链技术构建分布式数字身份认证体系，所有想要接入该体系的人、设备、企业都要在边缘计算中心完成认证。在这种模式下，设备之间、服务器之间、人与设备之间可以开展双向身份验证，减少边缘层接口数据泄露和设备控制的安全隐患，对工业数据进行加密存储，实现数据私有化。

（2）区块链+工业产品流通。区块链技术可以保证交易的公开性与透明性，防止交易数据被篡改，智能合约可以实现自证自治。在这两大技术的支持下，制造企业可以以工业互联网平台为依托，促使制造企业、物流企业、税务部门、交通部门、银行、客户等多方参与主体的各项数据相互融通，构建一个安全可信的价值链传递网络，让产品品控证明、供应链流转证明、资金支付证明、渠道销售证明、票据真实性证明等变得简单易行。

（3）区块链+生产线品控。目前，在农产品溯源、供应链溯源等领域，区块链技术已经有了比较成熟的应用模式。因为区块链技术可以有效防止数据被篡改，所以利用区块链技术面向商品生产、流通、消费等环节创建真实性验证网络，可以有效提升品牌价值。除此之外，在质检协作效率优化、产品质量控制、降低设备故障率等领域，区块链技术也有广阔的应用空间。

第五部分

绿色交通篇

第13章
“双碳”交通：重塑城市交通新格局

01　交通碳中和：迈向新能源世界

随着经济社会不断发展，人们的收入水平不断提升，汽车保有量不断增加，我国交通运输行业的碳排放将持续增长。交通运输行业是全球三大温室气体排放源之一，根据生态环境部发布的《中国移动源环境管理年报（2020）》，2014年，我国交通运输行业温室气体排放量约为8.2亿吨二氧化碳当量，其中99%是二氧化碳，在剩余的1%中，甲烷和氧化亚氮各占了0.2%和0.8%。

2021年5月10日公安部举行新闻发布会，相关负责人表示我国机动车保有量达到了3.8亿辆，2021年第一季度新注册登记机动车996万辆，创同期历史新高。根据国务院办公厅发布的《新能源汽车产业发展规划（2021—2035年）》，到2025年，我国新能源汽车的市场占有率要达到20%。这就表示，即便我国大力推广新能源汽车，在汽车市场上，传统燃油汽车的主体地位在未来很长时间仍不会发生改变。

鉴于交通行业既是制造业又是服务业的双重属性，其碳排放与国家经济结构、产业布局、能源结构、运输周转量等外界因素密切相关，碳排放结构非常复杂。另外，因为很多交通工具需要跨区域行驶，碳排放发生在不同地区，在很大程度上加大了碳排放管理的难度。

据统计，在交通行业的碳排放结构中，道路交通占比极大，大约为75%。为了推动交通行业实现碳减排，我国一方面要大力推广新能源汽车，让交通行业实现全面电动化；另一方面要尽量减少传统燃油车的能耗，用清洁能源代替传统的柴油、汽油，减少汽车行驶过程中的碳排放。

根据《节能与新能源汽车技术路线图2.0》的要求，到2025年，传统能源汽车的能耗要降至4.8升/百公里，货车、客车的油耗要比2019年降低8% ~15%，混合动力汽车的油耗要降至4.5升/百公里。

在交通运输行业的碳减排中，新技术将发挥重要作用。根据世界汽车协会的报告，汽车轻量化技术与节能效果呈线性关系，汽车的轻量化率每提升10%，就能减少6%~8%的能源消耗，而且车辆轻量化可以稳定节能效果，实现持续节能。

以德国为例，德国从20世纪90年代开始推动重碳经济脱碳化。到2017年，德国碳排放总量相较于1990年减少了1/3，只有交通行业的碳排放不降反升。我国的经济结构与德国类似，在实现碳中和的过程中必然会面临这一问题。因此，对于我国来说，想要如期实现碳中和，必须提前对交通行业进行统筹布局，推动交通行业实现深度脱碳。

根据2021年2月国务院印发的《国家综合立体交通网规划纲要》要求，到2035年，我国交通领域的二氧化碳排放强度相较于2020年要有明显下降，并且要尽早实现碳达峰的目标。交通行业的碳排放方式非常多，而且结构复杂、统计困难，因此找对切入点非常重要。在交通行业的各个部门中，道路交通部门的碳减排潜力最大。

根据《中国气候变化第二次两年更新报告》，2019年，我国道路交通的碳排放在交通运输总体的碳排放中的占比达到了84.1%。在货运方面，全球平均货运能耗为37%，我国货运能耗超过了50%，远高于国际平均水平，减排潜力巨大。在客运方面，小汽车和摩托车的能耗占比为48%，公共交通的能耗占比只有4%，自行车、电动车等出行方式的能耗可以忽略不计。

对于新能源汽车来说，碳中和目标的提出为其带来了良好的发展机遇，但同时也带来了一定的挑战。在碳中和背景下，汽车行业不仅要致力于自身的碳减排，而且要通过新能源汽车的推广应用带动整个能源行业实现碳减排。

2020年2月，英国宣布从2040年开始禁售汽油、柴油驱动的小汽车以及货车，到11月，就将禁售燃油车的时间提前了十年，定在了2030年。除英国外，全球还有11个国家明确了禁售燃油车的时间，例如挪威拟从2025年开始禁售燃油车，丹麦、冰岛、爱尔兰等国家拟从2030年开始禁售燃油车。在此形势下，我国势必会加快新能源汽车的发展。

新能源是交通运输行业实现净零排放的关键。一方面，风电、光伏等新能源发电可以直接用于汽车电池的充放电；另一方面，动力电池和氢燃料电池可以作为储能方式推动新能源发展。除了扩大新能源汽车的市场份额外，交通行业的碳减排还需要依靠政策支持，推动城市交通尽快实现电动化，有条件的地区可以开展全面电动化的试点。为了保证城市交通全面电动化，各城市要完善相关基础设施建设，强化电网保障。

02 “双碳”重构城市交通新格局

近年来，我国各大城市都在大力推行绿色低碳的出行模式，但城市交通的碳排放依然在持续增加。以北京为例，“十二五”期间，城市交通碳排放的年增长率大约为6%。进入“十三五”时期之后，大力发展公共交通，全面推广新能源汽车，改善自行车、步行等出行环境，但也只将城市交通碳排放的年均增长率降到4%左右。由此可见，如果我国的城市交通系统没有重大的结构性变革，不仅无法实现碳中和，甚至很难实现碳达峰。

为了实现“双碳”目标，我国城市交通必须从能源、交通、科技三个方面推动创新变革，具体如图13–1所示。

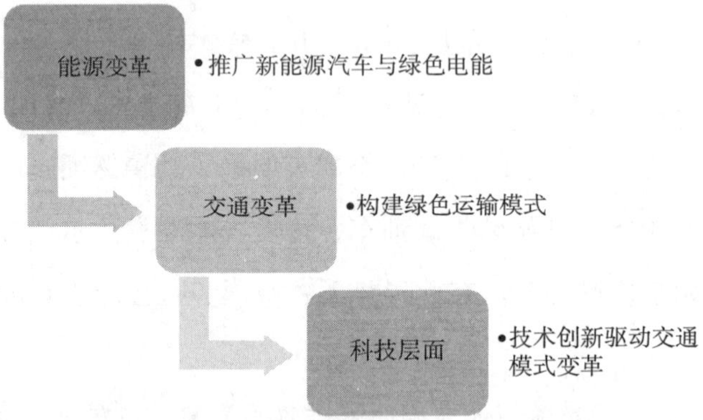

图13–1　交通行业创新变革的三大层面

◆能源变革：推广新能源汽车与绿色电能

随着社会不断发展，人们的生活水平不断提升，我国机动车保有量连年攀升，到2020年底已经达到了3.7亿辆，其中新能源汽车只有492

万辆，电动化率只有1.3%。[1]在北京、上海等城市，虽然新能源汽车的保有量已经超过了40万辆，但电动化率也只有6%~7%，传统燃油机动车的占比仍超过90%。

我国城市交通想要实现碳中和，必须改变机动车的能源结构，大力推广新能源汽车，将机动车的电动化率提升至50%以上，甚至要超过90%。新能源汽车数量的增长必然对交通电能提出更大的需求，这就要求整个城市的能源供应体系随之调整。

例如，北京机动车全面实现电动化，电能需求将增加16倍，届时，绿色电能的比例、电网容量、充电设备规模都要大幅提升。只有绿色电能与新能源汽车相互配合，城市交通才能真正实现零排放。

◆交通变革：构建绿色运输模式

（1）在客运方面。私人汽车每年每公里的碳排放是地面公交的5倍，是轨道交通的9倍。因此，降低私人汽车的出行强度可以有效降低城市客运系统的碳排放。目前，有两种方法可以降低私人汽车的出行强度：第一，鼓励人们在选择出行方式时放弃私人汽车，选择碳排放量较低的公共交通和零排放的慢行交通；第二，构建紧凑型城市形态，弱化日常出行对私人汽车的依赖。

想要让人们在选择出行方式时放弃私人汽车选择绿色出行方式，不仅要积极创建绿色出行网络，加强路权保障，而且要全面提升绿色出行一体化无断链服务体验。除此之外，以公共交通为导向的土地开发模式也需要引起关注，因为国家对轨道周边的用地性质和开发强度有严格限制，导致这一模式尚未取得实质性进展。为了解决这一问题，我国亟须

① 数据来源：公安部官网。

推动土地利用政策与相关法律法规实现重大改革。

（2）在货运方面。陆地货运的主力依然是汽/柴油车，是城市交通碳排放的重要来源之一。例如，2020年，北京全市的货运量26346.2万吨，碳排放在全市交通碳排放中的占比大约为20%。[①]为了实现碳中和的目标，货运也要从汽/柴油车运输转向轨道运输。

为此，北京从2018年开始调整运输结构，初步探索出“电气化铁路干线运输+新能源汽车市内短驳”的绿色运输模式，将铁路运输货物的比例提升了3.3个百分点（从6.4%提升至9.7%）。从整体看，我国货物运输结构的调整才刚刚开始，接下来就要在巩固既有成果的基础上，建立顺应市场化环境的长效机制，尽快实现货运零排放的目标。

◆科技层面：技术创新驱动交通模式变革

城市交通想要实现碳中和，既要推动能源转型，又要创新交通运输模式。纵观机动车的发展历史，新模式的出现必然离不开科技的发展与进步，新能源技术与新能源汽车就是其中的典型。

目前，全球正在经历新一轮科技革命，涌现出一系列新兴技术，如大数据、人工智能、区块链等。随着这些技术在交通领域深入应用，城市交通呈现出显著变化，例如MaaS（Mobility as a Service，出行即服务）的出现让人们享受到一体化的出行体验；自动驾驶、预约出行在很大程度上缓解了交通拥堵问题，为“不堵车”交通系统的创建提供了无限可能。未来，随着城市交通领域出现的新技术、新模式越来越多，在提高交通系统运行效率的同时，还能大幅减少碳排放，推动城市交通领域的碳中和目标尽快实现。

---

① 数据来源：北京市统计局。

03　交通碳中和的战略路线图

目前，人们常说的清洁能源主要指风能、太阳能、光能等，这些能源可以直接应用于电力、工业等领域，但想要在交通领域应用，必须转化成可以存储、运输的“绿色燃料”，从而实现减少二氧化碳排放乃至零排放的目标。

交通行业包括四种不同的交通方式，分别是道路、铁路、航空、船运，每种交通方式都对“绿色燃料”提出了不同的要求。随着电力基础设施不断完善，电池、充电桩等技术快速发展，电能在道路、铁路这两种交通方式中得到了广泛应用。但因为动力电池的体积、重量都很大，不适合在航空、船运中应用，于是这两种交通方式不得不寻找其他的清洁能源代替方案，例如氢能、氨气和生物质等新能源。

鉴于此，为了响应“2060年实现碳中和”的目标，交通行业将根据不同交通方式的特点选用不同的清洁能源，例如以道路交通为主的小型、轻型交通和铁路将采用动力电池，远程航空将采用生物质能源，以实现零碳排放。具体来看，我国交通行业碳中和目标需要通过短期、中期、长期三个阶段来实现，如图13–2所示。

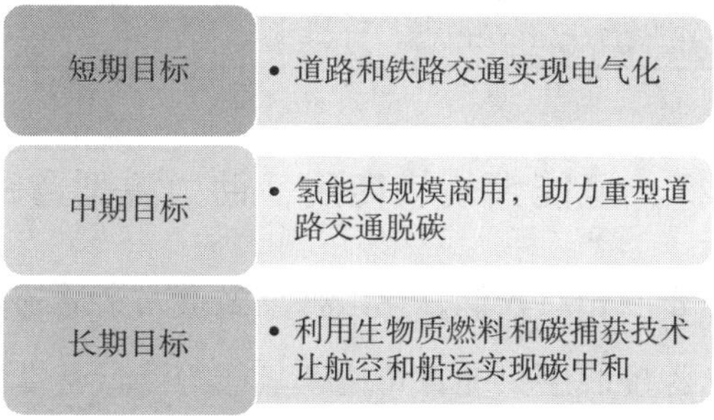

图13–2　交通行业碳中和的阶段性目标

◆短期目标：道路和铁路交通实现电气化

在现有的几种清洁交通方案中，交通电气化的实现难度最小、成本最低、能量转化效率最高。过去几年，随着动力电池技术快速发展，交通电气化的范围越来越广，覆盖了铁路、轻型机动车、小型船舶甚至飞机等众多领域。基于我国公路、铁路巨大的出行量，2060年我国公路、铁路实现电气化之后，电能消耗量将超过2万亿度，相当于燃烧2.68亿吨标准煤的化石燃料，其能耗在交通部门总能耗中的占比将达到50%。由此可见，我国交通行业想要在短期内减少碳排放，实现零排放，促使道路交通实现电气化是关键。道路和铁路交通电气化的实现需要政策、技术、市场、基础设施相互配合，具体措施如表13–1所示。

表 13–1　道路和铁路交通实现电气化的三大措施

切入点	具体措施
政策层面	一方面，相关部门要围绕燃油车退出制定中长期的时间表，结合新能源汽车产业规划，推动整个产业实现转型发展；另一方面，相关部门要提高燃油汽车的油耗和排放标准，辅之以路权政策，提高电动汽车的市场竞争力，扩大电动汽车在汽车市场所占份额
技术层面	相关企业与研究机构要设置更严格的技术标准，创建产业支持基金，大力研发电池技术，力争在该技术领域取得重大突破，同时要优化整车技术，推动行业技术创新
市场和基础设施层面	相关企业要全面建设充电基础设施，扩大充电基础设施的覆盖范围，专门针对新能源汽车创建车辆运营维护服务体系，降低用车成本，大幅提高新能源汽车在现有汽车中的比例

◆中期目标：氢能大规模商用，助力重型道路交通脱碳

电池的能量密度相对较低，无法在重型道路交通领域应用，这些领域的节能减排、深度脱碳只能寄希望于氢能等能量密度更大的燃料。氢能燃烧的唯一产物就是水，可以称为最清洁的能源。目前，国内生产氢

能的方式主要有两种，一种是煤炭气化，另一种是工业副产。除此之外，氢能还有一种绿色的生产方式，就是电解水制氢。在碳中和目标下，随着电解水制氢相关技术取得重大突破，这种氢能生产方式必将成为主流。

目前，导致氢能无法在交通领域大规模应用的一个主要原因就是成本高。一方面，以氢能为动力的车辆造价较高，氢能卡车的售价要比同等级的燃油卡车的售价高5倍；另一方面，氢能燃料的价格高，即便使用成本最低的化石燃料制氢，其成本也比燃油高很多。解决这一问题最好的方式就是技术创新。

未来，随着氢燃料电池技术取得重大突破，规模效应逐渐增强，以氢能为动力的车辆造价会有所下降。同时，随着氢能储备、运输等相关技术与基础设施不断完善，氢能的使用成本也会不断下降，最终在重型交通领域，氢能可以全面替代传统燃油。但从目前的情况看，降低氢能生产成本以及以氢能为动力的车辆的造价，让氢能应用实现商业化，还需要很长一段时间，这也就意味着重型道路交通依靠氢能实现深度脱碳还需要很长时间。

目前，我国氢能产业的发展目标是在2040年左右实现大规模商用，为了实现这一目标，需要加快相关技术研究，在关键技术领域取得重大突破。由于市场广阔、政府支持力度大，我国氢能技术研发具有显著优势。

在政策方面，国务院办公厅印发的《新能源汽车产业发展规划（2021—2035年）》明确表示，“中国将大力发展氢燃料电池以及氢能储运技术”；工信部印发的《节能与新能源汽车技术路线图》提出，“2025年，我国氢燃料电池车要达到5万辆；2030年，氢燃料电池车要达到

100万辆”；五部门联合印发的《关于开展燃料电池汽车示范应用的通知》明确表示，将通过“以奖代补”的方式对燃料电池汽车产业的发展给予支持。

◆长期目标：利用生物质燃料和碳捕获技术让航空和船运实现碳中和

随着道路、铁路实现电气化，氢能在重型道路交通领域实现广泛应用，我国交通行业清洁能源利用问题可以得到有效解决。落基山研究所预测，到2060年，电气化与氢气可以满足我国交通行业80%的能耗，剩下的20%主要来源于大型航空和远洋船运。因为这两种交通方式对能源种类与能量密度的要求较高，无法使用一般的清洁能源作为动力源，在目前的技术条件下唯一可行的办法就是使用生物质燃料。

生物质燃料是利用可再生生物质生产的燃料，能源形式与热值和化石燃料几乎相同。目前，由于技术限制，生物质燃料的产量有限，在很大程度上制约了其在大型航空和远洋船运领域的应用。目前，一代生物质燃料的主要原料是粮食作物与食物残渣，产量较小；二代生物质燃料的主要原料是秸秆、落木等物质，尚处于研究阶段，还不能真正应用。根据中国可利用的生物质总量估计，到2060年，生物质燃料可以为交通行业提供相当于3000万吨标准煤的燃料，大约可以满足5%的需求。

从目前可以利用的清洁能源看，2060年，交通行业完全有能力使用清洁能源100%替代化石燃料。但从技术与成本方面看，让清洁能源100%替代化石燃料的经济性、可行性都不是很高，更经济可行的方案是让清洁能源替代85%的化石燃料，剩余15%的交通能耗通过碳汇或碳捕捉与封存技术完成碳中和。

04 道路交通净零排放的实施路径

交通领域的涵盖范围极广，包括航空、铁路、水运、管道、城市交通等。其中，城市交通包括城市轨道交通、地面公交、出租汽车、货运、社会交通（如私人小客车、社会中大型客车）等多个细分领域。

城市交通碳排放主要来源于两个方面：第一，使用不可再生能源生产电能所产生的碳排放；第二，燃烧汽油、柴油等传统能源产生的碳排放。例如，北京城市交通系统每年的碳排放超过千万吨，其中汽油、柴油等传统能源燃烧产生的碳排放占比92%，轨道交通、新能源汽车等用电产生的碳排放占比8%。

从全球视角看，新冠肺炎疫情对世界各国的经济造成了巨大冲击，为了在后疫情时代尽快实现经济复苏，欧美等发达国家将关注点放到了交通运输行业脱碳化上。

欧盟发布的《欧洲绿色协议》指出，要进一步提升铁路货运与内河航运的运力，大力发展智能网联汽车产业，构建智慧交通系统，积极推进新能源汽车充电基础设施建设等，通过这些措施加大在绿色交通基础设施领域的投资。

美国拜登政府发布的“救助美国计划”也涉及了交通行业，提出加大在城际轨道交通建设领域的投资、维持公共交通正常运营、加速新能源汽车产业发展、推广充电基础设施、发展自动驾驶汽车产业等一系列措施。

近年来，为了应对气候变化，实现碳达峰、碳中和的目标，我国围绕道路交通出台了一系列政策。同时，随着互联网、物联网、人工智能、大数据等新兴技术不断发展，道路交通行业进入难得一遇的技术变革期。在各种新兴技术的支持下，新能源汽车飞速发展，共享单车、自动驾驶等绿色出行方式逐渐成为新的潮流，为交通领域的碳减排做出了重要贡献。

但我国道路交通行业想要真正实现碳中和，必须在30年内将碳排放从峰值降至零。为了做到这一点，我国道路交通行业必将经历一场大刀阔斧的改革，例如全面调整货运结构、探索低成本的减排技术、大力发展氢燃料电池重型货车等。

针对我国道路交通行业的碳减排，世界资源研究所在2019年发布《中国道路交通2050年“净零”排放路径》，提出四大策略，如表13–2所示。

表13–2 《中国道路交通2050年“净零”排放路径》的四大策略

序号	具体策略
1	转变交通运输方式，将道路交通领域的碳排放减少35%，具体包括：发展多式联运，形成“公转铁、公转水”和多式联运的新货运模式；推广绿色出行，加大对公共交通的路权保障；利用车联网与数字道路基础设施，对城市道路的功能空间进行合理分配，规划自行车与步行区，大力推广这种零碳排放的出行方式
2	发展绿色能源，促使车辆燃烧实现脱碳化，将道路交通领域的碳排放减少35%，具体措施包括大力发展新能源汽车，加速车辆电动化，用低碳燃料代替传统的柴油、汽油，鼓励城市物流与城际货运领域的车辆实现电动化
3	减少车辆行驶里程，将道路交通领域的碳排放减少35%，具体措施包括创建基于“碳价”的道路交通客、货运收费机制，建立碳价入费机制，在各地区规划建设零排放区试点，创建交通碳中和市场化机制
4	通过建设清洁电网、发展可再生能源等方式，将道路交通领域的碳排放减少18%，实现零排放目标

“十四五”期间，我国要持续深化交通系统的脱碳化改革，结合我国的实际情况制定道路交通净零排放路径，加快在部分地区建立试点，转变我国在后疫情时代的经济发展方式，推动碳达峰、碳中和目标有序实现。

第14章
绿色交通：构建可持续的出行新模式

01 绿色交通：引领未来出行变革

发展“绿色交通”已经成为世界各国的共识，是解决日益严峻的城市交通问题、促进城市可持续发展、建设生态文明的重要举措。在中国特色社会主义建设新时期，习近平总书记多次强调要将生态文明建设放在全党全局工作的重要位置，平衡好经济社会发展与生态环境保护之间的关系，让良好的生态环境成为人民品质生活和经济社会持续健康发展的支撑点，构建环境友好型的发展模式，为我国绿色交通发展明确了方向。

交通运输是支撑整个国民经济发展的基础性、先导性、战略性产业，也是满足人民日益增长的美好生活需要的重要一环。不过，交通运输业同样也是消耗能源、排放温室气体的主要行业之一，面临着日益严峻的资源环境压力，需要探索新的发展理念、模式和路径。

◆我国绿色交通建设取得的成就

绿色交通已经成为全球范围内城市交通网络建设的必然趋势。我国城市交通发展要积极融入绿色交通理念，将其作为建设生态文明、实现绿色可持续发展的重要方向。近几年，从中央到地方的各级交通部门出台了一系列鼓励城市交通运输向绿色低碳转型的法律法规、政策规划和标准，有力推动了集约高效、良性可持续的现代综合交通运输网络的建立与完善，我国绿色交通发展取得了显著成效，如表14–1所示。

表14–1　我国绿色交通发展取得的五大成效

序号	发展成效
1	绿色交通基础设施基本建成，综合交通运输网络的总里程突破了500万公里[①]
2	交通运输装备逐步向专业化、标准化、大型化、绿色化升级迭代
3	绿色、高效、多元的交通运输网络系统逐步成形并不断完善。2020年，全国36个中心城市完成公共交通客运量441.5亿人[②]，不同交通运输方式高效对接的多式联运模式发展迅猛
4	大数据、云计算、移动互联网、物联网等新一代信息技术不断应用到交通运输领域，增强了绿色交通发展的创新能力，交通运输业在节能减排、低碳化发展、高效运行等方面取得显著成果
5	交通运输国内国外统筹发展初见成效：与其他国家或地区的绿色交通合作不断深化，中欧班列的开通密切了亚欧大陆的联系，促成了国际航空减排决议，逐渐在世界上树立起我国交通运输业走绿色、低碳、环保、可持续发展道路的良好形象

◆我国绿色交通体系建设任重道远

虽然我国的绿色交通建设取得了一定的成绩，但与国外成熟的绿色交通体系相比还有不小差距，无法满足人民群众日益增长的交通出行服务方面更多、更高的诉求。因此，我国绿色交通体系建设任重道远，首

① 数据来源：交通运输部。
② 数据来源：交通运输部。

先需要正视以下问题和困难：

（1）从整体看，国内交通运输业没有完全树立起绿色交通的发展理念，需要加快建立并不断强化自觉参与、有力支持、有效维护绿色交通发展的行业氛围，真正使绿色交通成为交通运输业相关主体的指导理念和实践目标。

（2）尚未建立起比较完善的、能有效促进交通运输业发展方式转变和动能转换的法规政策和标准体系，行业监管缺位，导致我国交通运输业的发展方式仍然是依靠增加资源投入的粗放型模式，没能从根本上转变发展方式，实现动能转换。

（3）具体发展措施方面，我国交通基础设施建设的资源环境瓶颈日益凸显，运输结构不合理，高效的多式联运方式尚未成熟，交通运输装备的绿色化水平仍有待提高。

◆践行绿色理念，推动交通运输可持续发展

绿色交通与环境保护、可持续发展理念一脉相承，是一种全新的交通发展理念，能够以最少的社会成本实现最高的交通运输效率，有助于解决交通拥堵、资源能源利用率低、环境污染等各种难题，推动交通运输实现绿色性、低碳化和可持续发展。因此，新时代我国交通运输业的发展必须践行绿色发展理念，实现绿色转型。

（1）一方面要不断增强交通运输行业从业人员的节能环保意识和技能，另一方面要通过多种手段培育、鼓励社会公众采取绿色出行方式，形成全社会共同参与绿色交通建设的良好氛围。

（2）加强交通运输国际产业产能合作，积极学习借鉴发达国家绿色交通发展方面的成功经验和模式，同时也向其他国家讲述中国绿色交通

故事，为世界绿色交通产业的发展贡献“中国智慧”和“中国力量”。

（3）不断提高我国在交通运输国际组织中的话语权，为我国绿色交通发展营造良好的国际环境，并切实促进世界交通行业的可持续发展。

02 落地策略：让出行生活更美好

“十四五”时期是完善交通运输基础设施建设、提高交通出行服务水平、实现交通运输行业发展方式转型和动能转换的关键期，要以“创新、协调、绿色、开放、共享”五大发展理念为指引，加快建设安全、便捷、经济、舒适、高效、绿色的现代综合交通运输体系，充分满足社会经济发展和人民日益增长的交通出行服务需求。

对此，我国要以绿色交通为基本理念和实践目标，围绕降低交通运输能源消耗、减少碳排放强度和总量这一核心，不断优化结构、创新科技、提升能力，从多角度综合施策，加快实现交通运输行业的“绿色性”。

◆深入推进交通运输业供给侧结构性改革

从供给端看，我国应采取三大策略推进交通运输业的供给侧结构性改革，从根本上增加交通运输领域的有效供给，提高优质供给能力，如表14–2所示。

表14–2 推进交通运输业供给侧结构性改革的三大策略

序号	具体策略
1	在顶层战略规划方面，处理好交通基础设施建设、日益增长的运输和出行服务需求与有限的资源能源和环境承载力之间的关系，推动交通运输业向资源节约型、环境友好型方向发展

续表

序号	具体策略
2	加快促进交通运输业发展方式转型和动能转换，大力培育、鼓励、扶持绿色交通发展新动力和新业态，通过理念、技术、体制机制与管理服务等多方面的创新变革，深度挖掘我国交通运输行业绿色发展潜能
3	以“绿色交通”为目标，坚持问题导向，聚焦绿色交通建设短板，深化行业改革，打破制约绿色交通发展的各种因素，通过供给侧结构性改革不断提高我国绿色交通的有效供给能力和供给质量

◆推动绿色交通基础设施建设

我国要加快补齐绿色交通发展的基础设施短板：通过交通线路和枢纽设施的统筹规划布局，实现土地、线位、桥位、岸线等资源的优化配置，提高资源利用效率；着重建设“十纵十横”综合交通运输大通道网络，形成交通基础设施横贯东西、纵贯南北、内畅外通的格局；拓展交通基础服务网的覆盖范围，提高普通干线网的运行效率，积极构建更多高品质的快速交通网，不断提高我国交通运输行业的供给质量和效率。

◆提高运输服务效率和质量

绿色交通是一种高效高质的交通运输形态，我国应从以下三点发力，不断提高交通运输服务的效率和质量，如表14–3所示。

表 14–3　提高交通运输服务效率和质量的三大策略

序号	具体策略
1	不断优化交通运输结构，大力发展铁路、水路运输和城市公共交通，完善航空和公路运输，加快推进交通运输业的结构性减排，充分发挥不同交通运输方式的比较优势，构建“宜陆则陆、宜水则水、宜空则空”的运输模式，大幅提高运输效率
2	加快建立和完善多式联运、甩挂运输、共同配送等高效运输形式，充分发挥综合运输中不同运输方式的比较优势，获得最大的组合运输效益，实现绿色货运

续表

序号	具体策略
3	打造绿色客运，推动不同运输方式高效对接与深度融合，实现居民出行“零换乘”；加快落地公交优先的交通发展战略，不断提高公交出行分担率；建立城市慢行交通系统，在有条件的地区实施农村客运班线的公交化改造，让绿色交通发展成果惠及更多民众

◆着重降低交通运输发展的环境成本

发展绿色交通，还要通过多种手段不断降低交通运输发展的环境成本，让交通运输业更低碳、更绿色，具体策略如表14–4所示。

表14–4　降低交通运输发展环境成本的三大策略

序号	具体策略
1	不断提高绿色交通治理能力，建立健全绿色交通相关法律法规和政策标准，让绿色交通建设有法可依；优化交通运输环境监测手段、加大监测力度，提高交通运输基础设施环保意识，加快开展污染综合防治工作
2	优化交通运输行业的能源结构，不断提高新能源、清洁能源的比重，持续减少交通运输行业的碳排放强度和总量，实现低碳交通
3	加快绿色交通相关技术的突破创新，不断提高交通运输装备的能效水平和运输效率，实现资源能源循环利用；加快构建城市智能交通网络，打破交通运输领域的“孤岛”现象，通过交通运输大数据资源的综合应用和跨部门共享促进绿色交通快速发展

03　绿色城市轨道交通的规划路径

交通网络是城市的“血液循环系统”，在很大程度上决定着城市化进程和城市发展水平。面对城市化过程中日益严峻的交通压力，我国要坚持绿色交通理念，将环境、资源等要素融入城市交通规划，积极借鉴国外先进的城市交通规划经验，构建适应新时代社会经济发展和公众需求的城市交通路网。

城市作为人口高度密集地区，需要大力发展城市交通以满足人们的出行需求，但在此过程中产生了日益严重的城市交通问题，如交通拥堵、交通事故、交通噪声、资源能源消耗增多、路网可靠性降低、环境污染、社会成本持续攀升等。

依托技术发展红利，我国的汽车环保水平和城市道路利用水平实现了大幅提高，但随着城市交通需求不断增加，上述城市交通问题并未得到明显改善。因此，仅从公众交通需求角度切入无法有效解决城市交通问题，必须从城市发展的宏观视角出发系统解决与交通相关的所有问题，打造绿色交通网络。

轨道交通是一种环境友好型绿色交通，是解决长期制约我国城市发展各类交通问题的有效路径，北京、上海、广州等大城市建成地铁和轻轨后获得的巨大交通效益已经充分证明了这一点，也吸引越来越多的城市参与到城市轨道交通建设中。

◆交通路网规划布局及优化

从总体看，北京、上海、广州等国内大城市的交通路网规划普遍存在几大问题，如图14-1所示。

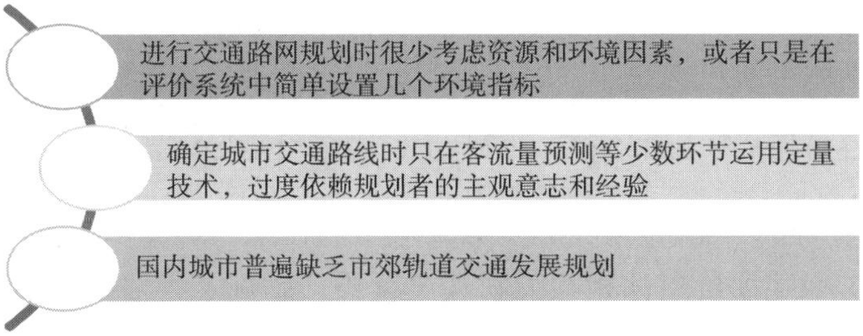

图14-1　交通路网规划面临的三大问题

（1）进行交通路网规划时很少考虑资源和环境因素，或者只是在评价系统中简单设置几个环境指标，这显然与绿色交通的发展理念不符，后者要求从路网规划开始就将资源投入、环境承载力等因素考虑进去，推动城市交通实现可持续发展。

（2）我国城市在确定城市交通路线时，更偏重采用主观分析的定性方法，整个规划过程只在客流量预测等少数环节运用定量技术，城市路线大多依据规划者的主观意志和经验确定。然而随着城市快速发展，新的主客流方向必然会形成新的主干路线，导致整个城市路网零碎散乱，缺乏系统性和协同性，影响城市交通效率。

（3）国内城市普遍缺乏市郊轨道交通发展规划。随着城市规模快速扩张，市郊轨道建设势在必行，如日本东京等很多国外大城市早已开始这方面的布局。我国城市也应充分发挥在轨道交通建设方面的“后发优势”，将市郊轨道建设纳入整个城市轨道交通发展规划中，构建可持续发展的现代城市轨道交通系统。

◆城市轨道交通线网评价及优化

国内城市轨道交通建设的另一个问题是缺乏科学统一的评价指标体系，导致轨道交通规划缺乏明确的方向，具体表现在四个方面，如图14–2所示。

（1）城市轨道交通线网的评价指标数目众多，缺乏统一明确的指标权重，容易造成一定的偏差，偏差积累最终可能导致实际结果与预期目标相去甚远。

（2）一些评价指标相互关联甚至重叠，影响了评估结果的准确性，如在广州市快速轨道交通路网规划的评价指标中，公交平均出行时间与公交平均出行车速两个指标高度关联，很大程度上是对同一方面的衡量。

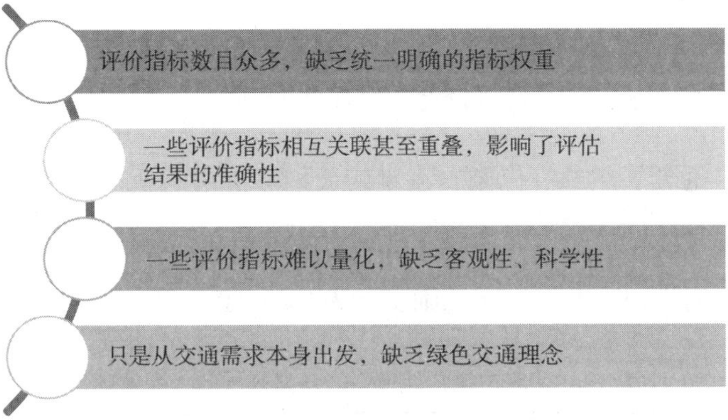

图 14–2　城市轨道交通线网评价及优化存在的问题

（3）一些评价指标难以量化，缺乏客观性、科学性，如促进土地合理开发利用、提高劳动生产率这类指标，属于偏重规划者主观认知和经验的定性分析，难以量化操作，从而影响了评估体系的科学性、客观性。

（4）当前国内城市的轨道交通规划评价体系只是从交通需求本身出发，没有将舒适度、安全度、环境、噪声、污染等人为因素考虑在内，缺乏“绿色交通”理念。

04　绿色轨道交通规划的基本原则

绿色交通作为一种全新的交通规划理念，除了满足日益增长的交通需求之外，还在“以人为本”基本理念的指导下将资源、环境等绿色因素充分考虑在内，为解决城市交通拥堵、环境污染、资源能源损耗过度等问题提供有效方案，最终以绿色交通促进整个城市实现可持续发展。

◆绿色轨道交通路网规划的基本原则

借鉴伦敦、纽约、巴黎、东京四大国际都市的轨道交通发展经验，综合考虑我国城市轨道交通路网规划中的现状和问题，我国城市绿色轨道交通路网规划要遵循六大原则，如表14–5所示。

表14–5　城市绿色轨道交通路网规划的六大原则

原则	具体内容
适应乃至超前城市总体发展规划	轨道交通规划必须纳入城市总体发展战略框架，规划者要深刻意识到轨道交通设施的建立与完善是人口集聚的巨大动力，而人口集聚又会带来更多的交通出行需求和新的交通走廊，因此在轨道交通规划中要充分考虑后续的承载力和拓展空间，注重轨道交通发展的可持续性
充分考虑轨道交通带来的环境影响	主要是噪声污染、震动等影响周边居民生活质量的环境问题
轨道交通路网布局走向要契合城市整体发展方向	在“绿色交通”理念下，轨道交通建设不是单纯地解决城市交通问题，而是要作为城市重要的“血液循环系统”引导城市发展，对促进城市从单一中心的同心圆结构转向多中心的发展格局具有重要作用
构建高效对接的换乘系统	轨道交通与道路交通、城际铁路等其他交通方式共同构成立体化的现代城市综合交通网络，该网络与其他交通工具的衔接协同程度直接影响着轨道交通乃至整个城市交通系统的运行效率
尽量避免在繁华的城市中心区域建设地面上的高架线路	一方面，市中心人口密集，容易扰民；另一方面，城市中心区的高层建筑比较多，不利于污染物扩散，会加重污染
将旅游需求纳入规划方案	随着越来越多的城市大力发展旅游业等第三产业，轨道交通规划必须充分考虑不断增长的城市旅游需求，将特色旅游景点纳入轨道交通路网覆盖范围，增强城市轨道交通的可持续发展能力

◆建设城市轨道交通应注意的问题

新时代的城市交通网络规划要践行绿色交通发展理念，不仅要满足日益增长的城市交通出行需求，还要通过大力发展轨道交通等公共出行方式减少私人交通工具的使用，有效解决交通拥堵、环境污染、资源能源损耗过度等城市交通问题，实现城市交通的“绿色性”，引导、推动城市交通向着良性可持续的方向发展。

我国在建设绿色城市轨道交通的实践中要注意的问题如图14-3所示。

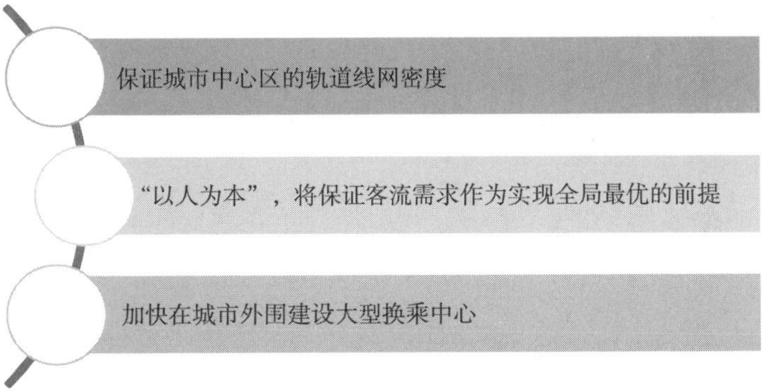

图14-3　建设绿色城市轨道交通需要注意的三大问题

（1）保证城市中心区的轨道线网密度。如果城市中心区轨道线网密度不够，居民乘坐不方便，轨道交通就会失去对乘客的吸引力，导致客流转向其他交通工具。例如，巴黎、伦敦、纽约三大国际都市中心区轨道线网密度分别为每平方公里2.97公里、2.56公里和3.17公里，我国青岛在2010年进行城市轨道交通规划时要求中心区的轨道线网密度达到1.2公里/平方公里。

（2）“以人为本”，将保证客流需求作为实现全局最优的前提。进行线路优化时，不能只从轨道交通线网全局最优的角度出发，而是要充分考虑客流需求，采取局部优化与整体优化相结合的方法。

（3）加快在城市外围建设大型换乘中心。将市中心的长途汽车站、火车站迁移到外围，一方面可以减少市中心的外来车辆，将更多客流引向轨道交通等公共交通工具，缓解城市中心区域的交通压力；另一方面也可以直接利用原有的铁路线作为中心区域的轨道交通线路，降低轨道交通的建设成本。

第15章
智驱未来：智能网联汽车时代的来临

01　全球智能网联汽车“军备竞赛”

未来，全球汽车产业将变得更加智能化、网络化，这是汽车产业发展的必然趋势。在这种趋势下，智能网联汽车应运而生。智能网联汽车作为全球新一轮产业革命的关键着力点，同时也是这一轮革命的战略制高点，不仅对汽车产业的跨界发展具有实际意义，而且对汽车产业的转型升级具有实际意义。

目前，智能网联汽车的发展受到各国政府的高度重视，例如欧盟各国、美国、日本等世界汽车强国都已经将其纳入国家顶层规划，并制定了一系列发展战略。各汽车强国采取了多项措施来发展智能网联汽车，包括产业政策、标准规范、测试认证、示范运营等。这些措施可以起到三大作用：一是加快推进国家在全产业链上的布局；二是有助于国家在未来汽车产业竞争中抢占战略制高点；三是有助于国家在汽车产业转型升级过程中抢占先机。

◆国外自动驾驶汽车战略布局

2018年，欧盟、美国和日本相继出台了多项用于指导自动驾驶汽车发展的相关文件，如《通往自动化出行之路：欧盟未来出行战略》《自动驾驶汽车3.0：准备迎接未来交通》《自动驾驶相关制度整备大纲》《自动驾驶汽车安全技术指南》等，如图15-1所示。汽车强国一方面加快政策立法，推动自动驾驶技术发展，规范自动驾驶技术的应用；另一方面不断加强自动驾驶技术的创新，推动自动驾驶技术商业化落地。更重要的是，这些国家发布的与自动驾驶汽车相关的指导性文件不仅明确了汽车产业发展进程和规划，还明确界定了自动驾驶事故的相关责任。

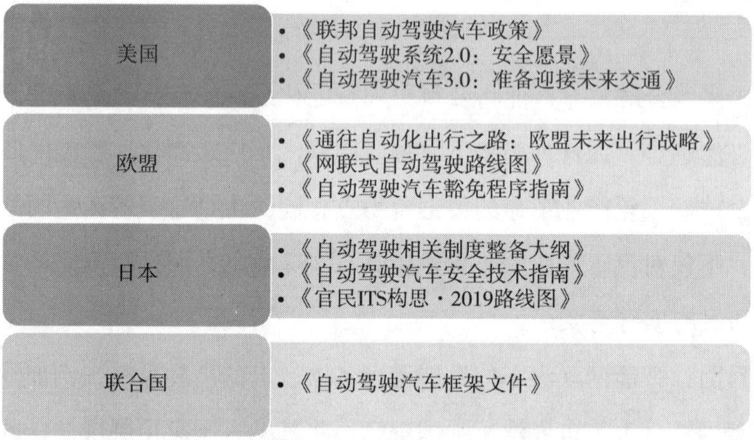

图15-1 国外指导自动驾驶汽车发展的相关文件

目前，许多发达国家正在逐步加快出台相关的支持性文件，为自动驾驶技术的发展提供政策支持。2019年3月，欧盟道路交通研究咨询委员会（ERTRAC）发布了《网联式自动驾驶路线图》，这一文件对其自动驾驶路线进行了更新，增加了网联式自动驾驶的内容，强调了自动驾驶汽车的协同互联，明确了在数字化基础设施支撑下的网联式协同自动驾驶概念。同年4月，欧盟通过了对《自动驾驶汽车豁免程序指南》的审批，以协调国家对自动驾驶车辆的安全评估，该指南对L3和L4级别的自动驾驶汽车给予了重点关注。

2019年5月，日本颁布了《道路运输车辆法》修正案。《道路运输车辆法》修正案规定了自动驾驶的安全标准，提出了2020年要在高速公路和人口稀少地区实现自动驾驶的目标，即在2020年争取在高速公路上实现“3级（可在紧急情况下由人驾驶）”自动驾驶，在人口稀少地区实现“4级（在限定道路和环境条件下由车辆完成所有驾驶操作）”自动驾驶。另外，日本还规划了自动驾驶的具体实现时间，从乘用车、物流车、出行服务等角度进行考虑和设计，制定了《官民ITS构思·2019路线图》。

自动驾驶汽车的发展需要相关法律法规的规范和约束，目前，联合国世界车辆法规协调论坛（WP.29）已经将相关法规的制定与协调作为重点工作，各缔约方及相关政府、非政府组织也对这一工作给予了高度关注。2019年，在WP.29工作会议上，自动驾驶车辆工作组新增了三个非正式工作组，分别负责自动驾驶记录系统、自动驾驶功能要求、自动驾驶汽车评价方法的相关工作。同年6月，联合国世界车辆法规协调论坛第178次全体会议在日内瓦隆重举行，此次会议通过了《自动驾驶汽车框架文件》，该框架文件由中国、欧盟、日本和美国共同提出，目的是确定自动驾驶汽车的安全性和相关原则，主要针对的是L3及更高级别的自动驾驶汽车。此外，这一框架方案也可以用来指导WP.29附属工作组的工作。

◆国内智能网联汽车战略布局

我国对自动驾驶技术的发展和应用也非常重视，为了推动自动驾驶汽车创新发展，颁布了一系列政策法规。2018年初，国家发展改革委发布了《智能汽车创新发展战略》（征求意见稿）。该文件阐明我国需要遵循“三步走”战略发展智能汽车，同时明确提出智能汽车产业的发展目标。不久之后，我国工业和信息化部、公安部、交通运输部联合印发《智能网联汽车道路测试管理规范（试行）》，主要对以下内容进行了规范：一是智能网联汽车道路测试的申请、审核和管理；二是测试主体、测试驾驶人和测试车辆。2018年末，我国工业和信息化部又发布了《车联网（智能网联汽车）产业发展行动计划》，进一步助力我国智能网联汽车产业的发展。

2019年9月，中共中央、国务院联合印发《交通强国建设纲要》，这一纲要对我国未来在交通领域的战略目标做出了明确规定，即截止到2035年，我国要基本建成交通强国，特别是加强智能网联汽车的研发，形成集智能汽车、自动驾驶、车路协同于一身的自主可控的完整产业链。2020年2月24日，国家发展改革委等11个部委联合发布《智能汽车创新发展战略》，提出要构建六大体系，分别是技术创新、产业生态、路网设施、法规标准、产品监管和信息安全。在这六大体系的支撑下，我国智能网联汽车将迎来跨越式发展期。

02　智能网联汽车的标准体系建设

智能网联汽车标准体系建设是智能网联汽车健康可持续发展的基础，分国际和国内两个层面进行探讨，具体分析如下。

◆国际智能网联汽车标准体系建设

目前，道路和车辆的标准化工作主要是由国际标准化组织——道路车辆技术委员会（ISO/TC22）负责。道路车辆技术委员会主要由11个分委会组成，即SC31~SC41，包括车辆通信（SC31）、车辆电气电子部件及通用系统（SC32）、车辆动力学及底盘部件（SC33）等。

其中，SC31工作组发布了网联车辆（ExVe）方法论ISO 20077系列标准，主要包含两个部分，即通用信息和设计导则，主要作用是提供网联汽车的通用信息、专业术语、设计规范和原则等。另外，该工作组正在制定的标准有两个：一是ExVe网络服务ISO 20078系列标准；二是以太网ISO 21111 系列标准。目前，SC32工作组单独成功发布的标准是功能安全ISO 26262：2018版系列标准，同时与美国汽车工程师学会（SAE）联合开发了信息安全ISO/SAE 21434国际标准，并在积极制定预期功能安全ISO 21448国际标准。

此外，城郊地面运输信息、通信和控制系统的标准化工作主要由智能交通系统技术委员会（ISO/TC204）负责。目前，ISO/TC204与SAE联合制定了智能交通系统ISO/SAE 22736标准，不仅给出了道路车辆自动驾驶系统的术语定义，还对自动驾驶系统做出了标准化的分类。

◆国内智能网联汽车标准体系建设

2017年12月，我国正式启动智能网联汽车标准制定工作。目前，全国汽车标准化技术委员会（以下简称“全国汽标委”）智能网联汽车分标委已经设立了多个工作组，以逐步开展智能网联汽车相关标准的研究和制定工作，其中具有代表性的工作组有驾驶辅助系统工作组、自动驾驶工作组、汽车信息安全工作组、汽车功能安全工作组和网联功能及应用工作组。

在工业和信息化部的组织和领导下，全国汽标委分别在2018年和2019年编制并发布了智能网联汽车标准化的相关工作要点。其中，最新的《2019年智能网联汽车标准化工作要点》提出了以下三项重点内容：一是要进一步落实《国家车联网产业标准体系建设指南（智能网联汽车）》；二是要加快制定智能网联汽车的基础通用和行业急需标准；三是加强智能网联汽车相关标准的关键技术研究和试验验证工作。

目前，我国智能网联汽车的标准化工作正在逐渐开展，各细分领域的标准研究和制定正在稳步进行，全国汽标委正在全力推进相关工作进一步落实。现阶段，由全国汽标委主导的智能网联汽车推荐性国家标准共有四十多项，包括高级辅助驾驶系统、自动驾驶、信息安全、功能安全、网联功能与应用等。除了这些正在全力推进的标准化工作外，全国汽标委计划在2025年制定100项以上智能网联汽车标准。

03　智能网联汽车行业的创新方向

智能网联汽车产业的发展要实现三大创新融合，分别是政策法律创新、技术创新、商业模式创新，如图15–2所示。如果能在这些方面实现卓有成效的创新融合，那么未来20年，我国必将在汽车工业领域占据绝对竞争优势。

政策法律创新	• 政策层面，我国需要制定更多强有力的激励政策，推动无人驾驶技术实现商业化应用 • 法律层面，我国要尽快制定人工智能技术相关的法律法规，明确智能网联汽车的法律角色、法律主体责任
技术创新	• 创建一个以安全为出发点，附带娱乐、社交、保险管理、交通管理、维保等多种功能的技术体系
商业模式创新	• 鼓励商业模式创新，激活各个投资主体

图15–2　智能网联汽车产业发展的三大创新方向

（1）智能网联汽车政策法律创新。在政策层面，我国需要制定更多强有力的激励政策，推动无人驾驶技术实现商业化应用，例如打造多个模范带头企业，降低研发成本，提高研发效率。

在法律层面，我国要尽快制定人工智能技术相关的法律法规，明确智能网联汽车的法律角色、法律主体责任。一般来说，主体责任人应该包括产权人、控制者和使用者。为了完善法律法规，可以先从地方着手，建立相应的试点，“以点带面”地统一制定。

政府部门要统筹布局，强化顶层设计，建立支撑智能网联汽车产业发展的政策体系，为智能网联汽车的健康发展营造良好的环境；将智能网联汽车产业与新能源汽车产业相结合，打造低碳、智能的交通体系，为智慧交通、智慧城市和服务产业的全面升级提供强有力的支持。另外，我国要加快智能网联汽车产业在体制、机制、商业模式等方面的创新，积极引入国际资源，加强与其他国家的交流合作，提前进行全球化布局，不断提升自身的国际影响力。

（2）智能网联汽车技术创新。智能网联汽车技术包含感知控制技术、网联技术、识别技术、综合判断技术等多种技术，是一个以安全为出发点，附带娱乐、社交、保险管理、交通管理、维保等多种功能的技术体系。目前，智能网联汽车的设计更多考虑的是智能与网联，对识别技术考虑得不多。以无人驾驶汽车的设计为例，设计师更多考虑的是感知技术，对识别技术考虑得不多。识别技术与高级驾驶辅助系统不同，它是一种人工智能技术。赋予汽车识别技术，就相当于赋予其“耳朵”和“眼睛”。目前的汽车技术只能通过传感器感知外界事物，还不能通过“眼睛”和“耳朵”对外界事物做出判断。在为汽车配置识别技术的同时，还需要为其配置高清数字地图用来辅助决策。智能网联汽车的三维技术体系如图15–3所示。

（3）智能网联汽车商业模式创新。良好的商业模式能成就一个产业。如果我国在未来十年可以更新换代3亿辆汽车，每辆汽车以10万元计算的话，就可以形成30万亿元的巨大产业，同时也能为智慧公路、集成电路产业、互联网内容服务等带来大规模的投资。这种商业模式类似于电信运营商和互联网公司之间的关系，前者是“管道”，后者是利润的“聚集地”。如果道路运营投资公司能主动抓住机遇，就会成为“车辆的管道”，平台投资商则能获得用户的海量数据，成为利润的“聚集地”。因此，鼓励商业模式创新，激活各个投资主体是当前主管部门的主要任务。

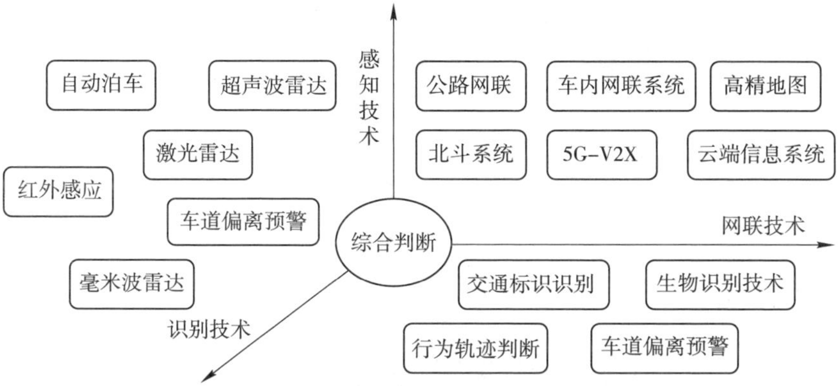

图 15-3　智能网联汽车的三维技术体系

目前，我国的主要目标是推进经济转型升级、鼓励产业创新、建设网络强国，要实现这样的目标就需要以新兴产业作为主要途径，智能网联汽车正是新兴产业的主要代表之一。我国拥有优越的制度、良好的政策环境、巨大的市场容量、大量的研发团队、创新型的技术人才、完善的道路基础设施以及稳定的测试环境，只要抓住智能网联汽车的发展机遇，一定可以在国际汽车工业和制造业领域实现“弯道超车”。

04　我国智能网联汽车产业的发展对策

为了推动智能网联汽车产业快速发展，我国政府、行业、企业要通力合作，采取有效措施。具体分析如图 15-4 所示。

图 15–4　推动智能网联汽车产业发展的四大策略

◆跨行业协同机制需要不断加强

智能网联汽车产业是一个综合性产业，需要跨行业、跨领域、跨技术合作。智能网联汽车产业的发展与汽车、交通、电子、通信、互联网等行业的发展息息相关，由于这一行业的复杂性和综合性，其主管部门也相对较多，包括国家发展和改革委员会、工业和信息化部、交通运输部和公安部等多个部委。

智能网联汽车产业的发展需要从政策、法规、标准、测试、示范等方面协同推进。各部门之间要加强合作，各领域之间要协同配合，各行业之间要充分发挥“产学研用”创新资源优势，构建国家智能网联汽车创新中心，打造集资本、技术、产业于一身的技术创新体系，只有这样，才能加快我国汽车产业的转型升级，践行智能网联汽车的国家发展战略，实现建设工业强国和信息强国的终极目标。

◆产业关键标准法规需要快速健全

智能网联汽车拥有庞大的产业链，是由各领域深度融合形成的新兴事物，因此，它的发展不仅要建立在统一的标准架构之上，还要适应相关法律法规的要求。

为了推动智能网联汽车发展，一方面要积极建设标准化的体系，如统一制定车载终端、通信协议、测试评价、信息安全、关键技术的标准等；另一方面要积极制定相关的交通法律法规，例如对《道路交通安全法》等法律进行适应性修订，明确智能网联汽车的交通责任认定，打造符合我国国情的智能网联汽车法律体系。

◆产业核心技术研发需要加快推进

目前，我国在汽车整车和关键零部件领域并没有多少竞争优势，一些核心技术还没有完全自主的知识产权，不少核心技术依赖其他国家，比如高性能传感器、专用芯片、车载计算平台、智能操作系统等关键技术尚无法与世界先进水平相比，一些关键基础零部件依赖进口。

同时，我国智能网联汽车产业的发展面临着关键技术空心化的问题，需要大力发展产业前瞻技术、共性关键技术和跨行业融合技术，以核心技术研发和产业化形成技术领先优势，解决关键技术空心化问题，打造智能网联汽车自主技术链和产业链。

◆产业测试示范应用需要先行一步

推动智能网联汽车产业快速落地，促进智能网联汽车安全运行，一方面要积极发展相关技术，另一方面要注重与之相关的测试评价和示范应用。

具体来说就是要做好以下工作：在技术上，开发并完善测试评价技术；在合作上，让各测试评价机构开展跨部门、跨领域合作；在评价体系上，创建测试基础数据库，建立整车级、系统级和零部件级的测试评价体系；在验证工具上，重点研发虚拟仿真、软硬件结合仿真、实车道路测试等验证工具；在测试评价能力上，不断提高企业和第三方机构的测试评价能力；此外，应建立智能汽车技术试验基地，成立安全运行评价中心。

第六部分

节能建筑篇

第16章
绿色建筑："双碳"驱动建筑新概念

01　低碳建筑：让城市生活更美好

根据联合国环境规划署发布的数据，在全球能源消耗中，建筑行业的能源消耗占比为30%~40%，所产生的温室气体占比超过了30%。如果建筑行业不改变生产方式、提高能效、节能减排，到2050年其排放的温室气体在温室气体排放总量中的占比将超过50%。而按照规划，我国要在2060年实现碳中和。在这一目标的指引下，我国建筑行业必须实现深度脱碳，让二氧化碳实现近零排放。

◆建筑能源利用现状

要了解建筑行业整个生命周期的碳排放与能耗，必须对建筑节能数据进行量化。根据中国建筑节能协会能耗专委会2020年发布的《中国建筑能耗研究报告（2020）》，2018年全国建筑全寿命周期能耗为21.47亿吨标准煤，在全国能量消费总量中的占比大约为46.5%。其中，建材生产、建筑施工、建筑运行三个阶段的能耗分别为11亿吨标准煤、0.47亿吨标准煤、10亿吨标准煤，在建筑全生命周期能耗中的占比分别为51.3%、2.2%、46.6%，在全国能源消费总量中的占比分别为23.8%、1%和21.7%。

2018年全国建筑全生命周期的碳排放总量为49.3亿吨二氧化碳，在全国能源碳排放总量中的占比为51.2%。其中，建材生产、建筑施工、建筑运行三个阶段的碳排放总量分别为27.2亿吨二氧化碳、1亿吨二氧化碳、21.1亿吨二氧化碳，在建筑全生命周期碳排放中的占比分别为55.2%、2%、42.8%，在全国能源碳排放中的占比分别为28.3%、1%、21.9%。

国家统计局公布的数据显示，2020年，我国建筑行业总产值为26.4万亿元，同比增长6.2%；建筑业增加值为7.3万亿元，同比增长3.5%，占全国GDP的7.2%。自2011年以来，建筑业增加值占国内生产总值的比重始终保持在6.75%以上，是国民经济的支柱产业。另外，我国建筑行业的规模居全球首位，每年新增建筑面积大约为20亿平方米，相当于全球新增建筑总面积的1/3。因此，在碳中和目标下，建筑行业低碳化发展、深度脱碳势在必行。

◆低碳建筑如何改变我们的城市生活？

总而言之，建筑行业的低碳化发展，对于实现“双碳”目标、促进经济社会绿色发展将产生积极的推动作用，主要表现在五个方面，如图16-1所示。

（1）对相关产品和产业产生积极影响。首先，高端制造业抢占发展先机。一直以来，我国建筑使用寿命都设定在50～100年，导致市场上的建筑材料和产品质量较差，使用寿命不超过100年，高品质的建筑材料与产品在国内市场上反而没有生存空间，存在严重的“劣币驱逐良币”现象。随着节能建筑、被动式建筑、绿色建筑等成为流行趋势，建筑材料与产品市场的竞争规则发生了较大改变，开始追求材料与产品的性能，使原有的“劣币驱逐良币”现象得到较大改善。

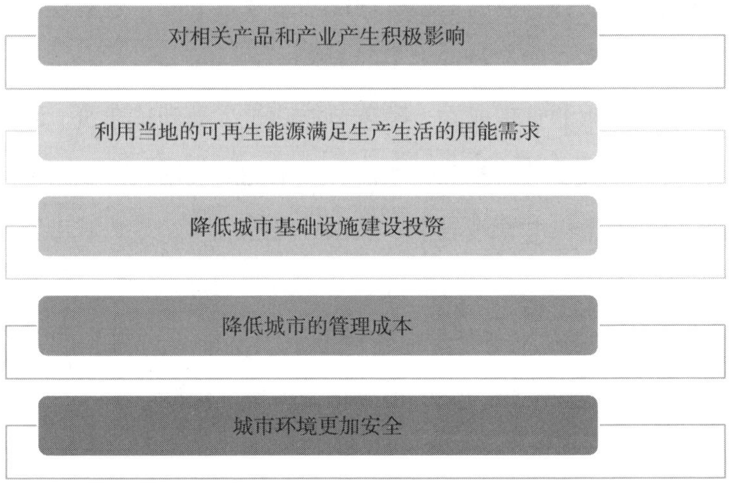

图 16–1　低碳建筑对人们生活的影响

其次，提升传统制造业的发展水平。随着上述技术推广应用，传统制造业的发展水平得以大幅提升。例如，我国是“五金件”生产大国，但被动窗一直依靠国外进口。随着国内企业不断成长，相关技术不断成熟，生产的被动门窗已经达到出口标准，产品质量可以与国外知名企业的同类产品相较。

（2）利用当地的可再生能源满足生产生活的用能需求。随着节能建筑、被动式建筑、绿色建筑等理念的推广，一些低品质能源可以得到充分利用。例如充分利用太阳能、风能等能源发电，代替传统的火力发电；对雨水、废水等进行处理再利用，用来补充建筑用水等。

（3）降低城市基础设施建设投资。节能建筑、被动式建筑、绿色建筑等低能耗的建筑越来越多，将对城市基础设施建筑产生巨大影响，导致城市基础设施投资大幅下降，具体表现在两个方面：一方面，对建筑供热系统与供能系统的需求大幅下降。另一方面，城市管廊无须设置供暖供冷设施，导致管廊空间变小，内部腔室数量下降，管廊建设投资大幅下降，预计将降至原有投资水平的1/5。

（4）降低城市的管理成本。随着节能建筑、被动式建筑、绿色建筑等低能耗建筑实现规模化推广，风能、太阳能的使用成本不断下降，城市管理不会再产生供电管理成本以及供暖管理成本，导致城市管理成本大幅下降。

（5）城市环境更加安全。随着风能、太阳能等可再生能源推广应用，城市污染将大幅下降，城市环境将变得更加健康。

02 我国建筑节能标准与提升路径

在绿色低碳发展的时代背景下，建筑行业出现了许多新概念，例如绿色建筑、超低能耗建筑、被动式建筑、健康建筑等，推动建筑行业进入技术变革时代。上述建筑理念有一些共同点，就是通过使用热工性能更加符合气候特点的建筑外围护结构，对建筑构造与功能进行调整，利用自然采光、自然通风等被动式手段降低能源需求，以达到节能减排的目的。

从20世纪80年代起，我国建筑行业就开始从易到难、从点到面推行节能理念。在这个过程中，作为推行国家建筑节能政策的有效依据，《公共建筑节能设计标准》发挥了重要作用。1986年发行的《民用建筑节能设计标准（采暖居住建筑部分）》（JGJ26–1986）是我国第一部建筑节能标准，此后30年，我国建筑节能标准按照北方采暖地区—夏热冬冷地区—夏热冬暖地区—公共建筑的顺序稳步推进，节能率从30%、50%、65%提升至75%，部分地区的节能率达到了80%。例如北京地区在2021年实行《居住建筑节能设计标准》（DB11/891–2020），将建筑的节能率提升到了80%。需要注意的是，节能率是相对于供暖能耗来说的，以1980年标准住宅（80住2–4）供暖能耗为基准值确定。

从1986年到2019年，我国出台了很多建筑节能标准，具体如表16–1所示。

表16–1　我国建筑节能标准名称

年份	标准名称
1986	JGJ24–1986《民用建筑热工设计规范》 JGJ26–1986《民用建筑节能设计标准（采暖居住建筑部分）》
1990	《旅游旅馆节能设计暂行标准》
1993	GB50176–1993《民用建筑热工设计规范》 GB50178–1993《建筑气候区划标准》 GB50189–1993《旅游旅馆建筑热工与空气调节节能设计标准》
1995	JGJ26–1995《民用建筑节能设计标准（采暖居住建筑部分）》
2001	JGJ134–2001《夏热冬冷地区居住建筑节能设计标准》
2003	JGJ75–2003《夏热冬冷地区居住建筑节能设计标准》
2005	GB50189–2005《公共建筑节能设计标准》
2007	GB50411–2007《建筑节能工程施工质量验收规范》
2009	JGJ/T132 2009《居住建筑节能检测标准》 JGJ176–2009《公共建筑节能改造技术规范》 JGJ/T177–2009《公共建筑节能检测标准》

续表

年份	标准名称
2010	JGJ26–2010《严寒和寒冷地区居住建筑节能设计标准》 JGJ134–2010《夏热冬冷地区居住建筑节能设计标准》
2012	JGJ75–2012《夏热冬冷地区居住建筑节能设计标准》 JGJ/T129–2012《既有居住建筑节能改造设计规程》
2015	GB50189–2015《公共建筑节能设计标准》
2016	GB50176–2016《民用建筑热工设计规范》
2018	JGJ26–2018《严寒和寒冷地区居住建筑节能设计标准》
2019	JGJ475–2019《温和地区居住建筑节能设计标准》

不同地区节能标准的提升路径不同，严寒和寒冷地区节能标准的提升路径如图16–2所示。

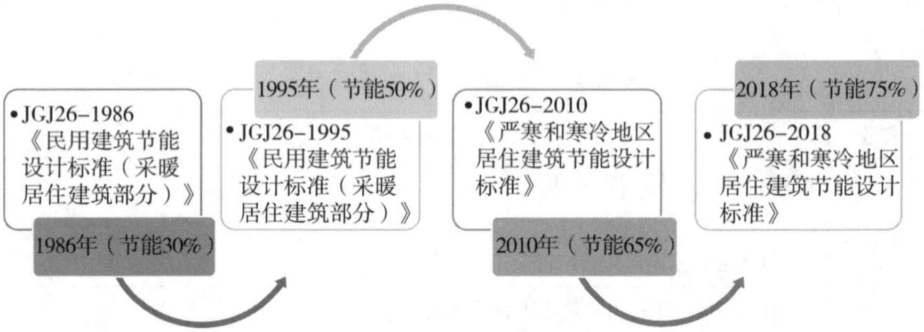

图16–2 严寒和寒冷地区节能标准的提升路径

有个问题需要注意：为了解2000—2004年全国建筑节能实施情况，住建部在2005年6月开展了一次调查，让各省市上报建筑节能实施情况。从上报结果看，超过90%的项目是按照《民用建筑节能设计标准（采暖居住建筑部分）》（JGJ26–1995）设计的，但最终只有30%左右的项目是按照标准建造的。由此可见，在这个阶段，我国建筑节能实施情况并不乐观。

2008年，住建部围绕建筑节能开展专项检查，发现2008年新建建筑设计、建筑施工对节能标准的执行率基本达到了100%。2005—2008年，我国新建建筑设计、建筑施工对节能标准的执行情况如图16–3所示。

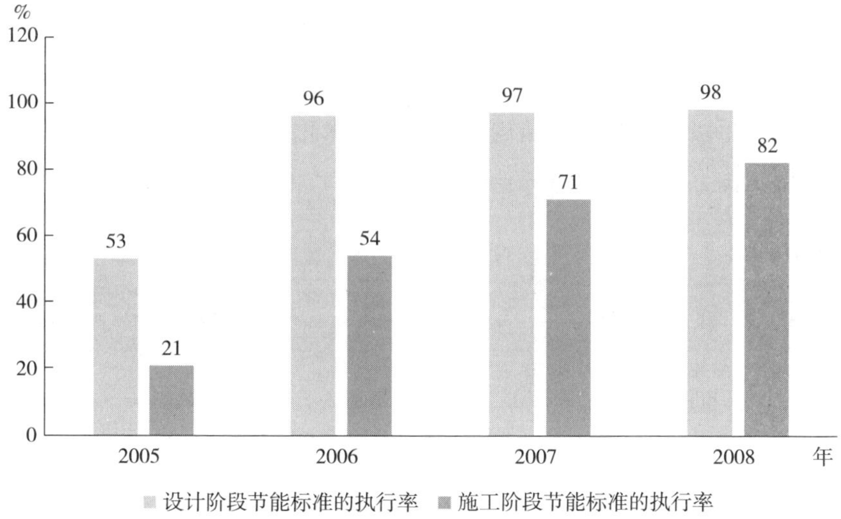

图16–3　2005—2008年我国新建建筑设计、建筑施工对节能标准的执行率

2020年，全国大部分省份强制要求建筑设计与施工100%执行节能标准。例如，江西省规定“十三五”期间，新建建筑100%执行强制性节能标准，城镇绿色建筑占新建建筑的比例达到50%。任何政策的推行实施都需要一个过程，建筑节能标准化也是如此。从20世纪80年代至今，我国建筑节能标准的覆盖范围越来越大，逐步形成了以建筑节能专用标准为核心的独立建筑节能标准体系。未来，我国将不断提升建筑节能设计的强制性标准，同时建立更高节能性能的技术标准作为引导，对建筑能耗总量进行有效控制。

03 被动式低能耗建筑的理念与发展

20世纪70年代，“被动式建筑”理念在欧美国家迅速发展。1991年，德国达姆斯塔特建造了世界上第一座被动式建筑。简单来说，被动式建筑就是将自然通风、自然采光、太阳能辐射、室内非供暖热源得热等被动式节能手段与建筑围护结构高效节能技术相结合建造而成的低能耗建筑。国内被动式建筑的发展趋势如图16–4所示。

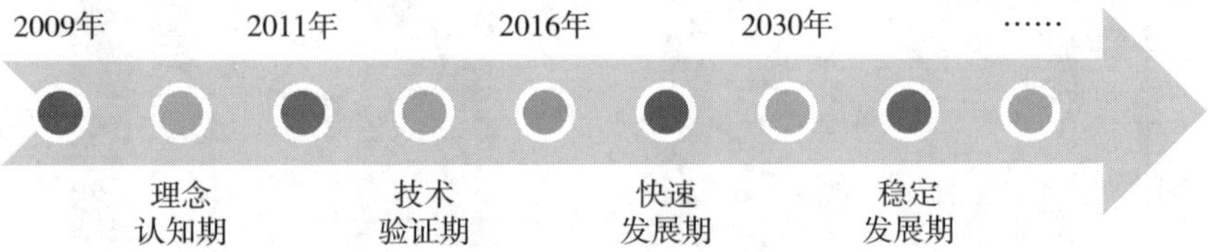

图16–4 国内被动式建筑的发展趋势

在被动式建筑领域，德国拥有世界领先的技术与标准。在过去70年间，建筑行业经历了三个发展阶段：第一个阶段是由住房危机引起的高速工业化导向；第二个阶段是由生态环境危机引起的健康环保导向；第三个阶段是由能源危机引起的高能效低排放导向。在过去30多年间，德国在高能效低排放导向阶段开发了很多新技术、新产品，在国际上处于领先地位。

随着气候危机席卷全球，德国建筑行业的技术创新有了更多内涵，逐渐从降低建筑使用过程中的能耗转向减少材料生产过程中的能耗，关注建筑全生命周期的能源利用效率。德国建筑行业的发展过程与发展趋势如图16–5所示。

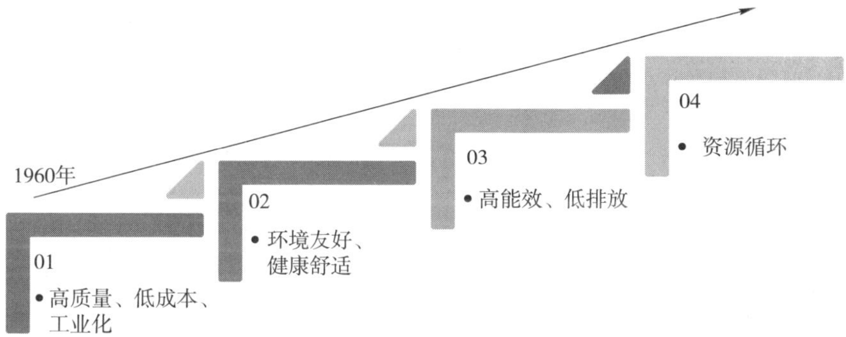

图 16-5　德国建筑行业的发展过程与发展趋势

近几年，我国的被动式建筑快速发展，建造面积以每年几百万平方米的速度快速增长。截止到2020年3月，我国各省市共发布了76项与被动式建筑有关的政策，在各个气候区的分布如图16-6所示。

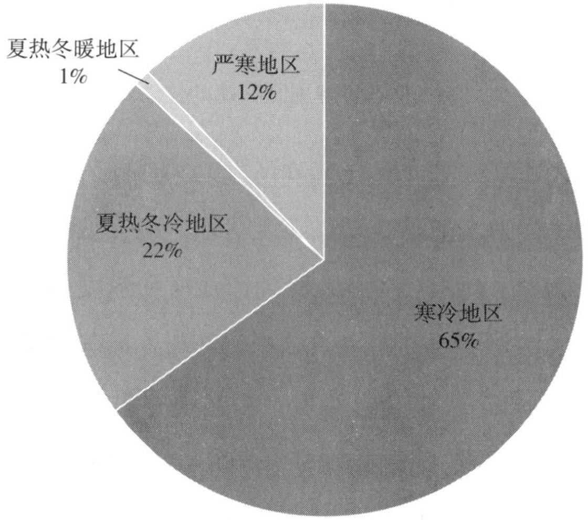

图 16-6　各气候区被动式建筑政策分布

在相关政策的引导下，2019年我国建成及在建被动式建筑700多万平方米，其中河北省建成及在建被动式建筑316万平方米，对被动式建筑的推广产生了积极的推动作用。2019年各省建成及在建的被动式建筑占比如图16–7所示。

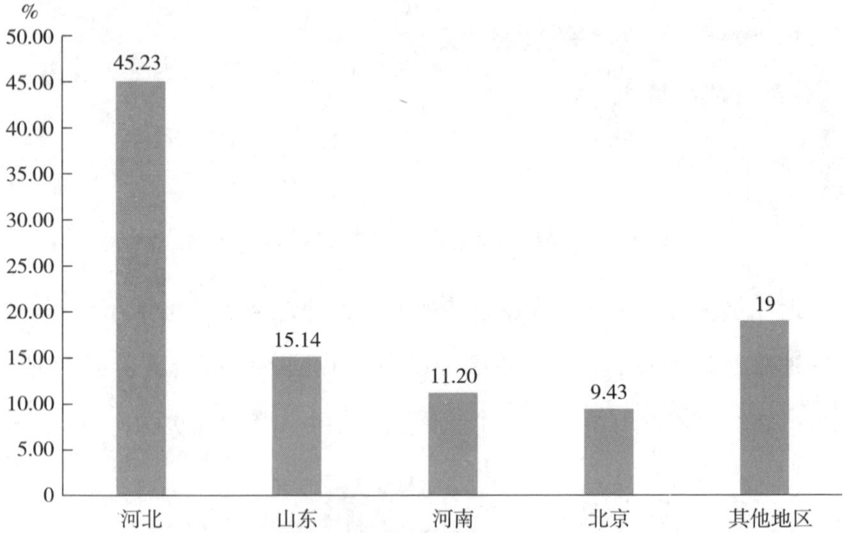

图 16–7　2019 年各省建成及在建的被动式建筑占比

在我国，被动式建筑率先在北方试行，到目前为止已经取得了不错的成果。近几年，为了推动被动式建筑落地，南方地区很多省份也出台了相关政策。例如，2021年4月，深圳市住房和建设局发布了《深圳市关于加大财政扶持力度促进建筑领域绿色创新发展若干措施（征求意见稿）》，围绕被动式建筑建设出台了一套奖励方案：如果建筑项目能够达到现行国家或深圳市超低能耗或（近）零能耗标准，具有良好的社会、环境、经济效益，可以产生引领示范作用，被认定为国家或深圳市超低能耗或（近）零能耗项目，可以获得每平方米最高补贴150元、单个项目不超过500万元的补助。

04　绿色建筑：让建筑回归自然

绿色建筑这一概念在我国出现了10余年，经历了从无到有、从少到多、从单个社区到整个城区、从试点城市到全国的发展过程。目前，我国直辖市、省会城市及计划单列市的保障性安居工程已经强制执行绿色建筑标准。在政府政策的支持下，我国绿色建筑工程稳步推进，企业、政府、大众对绿色建筑的认知不断加深，对绿色建筑的需求不断提升，绿色建筑发展取得了显著成效。

经过“十三五”时期的不懈努力，2020年，绿色建筑在城镇新建建筑中的占比超过了50%。2006年，我国发布了第一部《绿色建筑评价标准》，之后又分别在2014年和2019年发布了两版《绿色建筑评价标准》。正是在这些不断更新的《绿色建筑评价标准》的引导下，我国绿色建筑才实现了健康稳定的发展。目前，我国绿色建筑行业使用的是2019年版的《绿色建筑评价标准》。

这一版本的推出有特定的时代背景，即随着我国生态文明建设不断推进，建筑科技快速发展，绿色建筑在发展过程中遇到了很多问题。同时，建筑行业出现了很多新理念、新技术，例如建筑工业化、海绵城市、建筑信息模型、健康建筑等，这些内容在2014年版的《绿色建筑评价标准》中均没有做出说明。

另外，根据党的十九大报告，在中国特色社会主义建设新阶段，面对人民日益增长的美好生活需要和不平衡不充分发展之间的矛盾，经济发展要坚持以人民为中心，以增进民生福祉为根本目的，保障和改善民生，满足人民日益增长的美好生活需要。同时，我国要践行绿色发展理念，创建绿色低碳可以实现循环发展的经济体系，以及以市场为导向的绿色技术创新体系，降低生产过程中的能耗，将生产系统与生活系统对接，建立良好的循环体系，在全社会范围内推广简约、绿色、低碳的生活方式，创建绿色学校、绿色社区、绿色家庭等。为了实现这些目标，我国更新了《绿色建筑评价标准》，2019年版的《绿色建筑评价标准》应运而生。

2019年版的《绿色建筑评价标准》吸收建筑科技发展过程中的新技术、新理念，拓展了绿色建筑的内涵，提高了建筑的安全性、耐久性以及节能方面的要求，新增室内空气质量、水质、健身条件、环境宜居、服务便捷等人性化要求，希望提高建筑的整体性能。

不同版本的《绿色建筑评价标准》对绿色建筑做出了不同的解释，具体定义及评价内容如表16-2所示。

表16-2　不同版本的《绿色建筑评价标准》对绿色建筑的定义

项目	1.0版	2.0版	3.0版
绿色建筑定义	在建筑的全生命周期内，最大限度节约资源、保护环境、减少污染，为人们提供健康、适用、高效的使用空间和与自然和谐共生的建筑	在全生命周期内，最大限度地节约资源、保护环境、减少污染，为人们提供健康、适用、高效的使用空间和与自然和谐共生的建筑	在全生命周期内，节约资源、保护环境、减少污染，为人们提供健康、适用、高效的使用空间，最大限度地实现人与自然和谐共生的高质量建筑
指标体系	四节一环保	四节一环保+施工管理	安全耐久、健康舒适、生活便利、资源节约、环境宜居
评价阶段	投入使用一年后	设计阶段+运行阶段	建筑工程竣工后、预评价
评价等级	★/★★/★★★	★/★★/★★★	基本级/★/★★/★★★
评价机制	项数达标制	各类评分项+权重	各类得分项分数之和
评价门槛	控制项必须满足，各板块均有最低达标项数要求	控制项必须满足	控制项必须满足，基本项强制，并增设全装修、建筑能耗要求，住宅建筑、室内空气污染物浓度量级技术前置要求

05　基于全生命周期的节能建筑路径

建筑全生命周期有三个阶段会产生能耗，分别是建筑建造阶段、建筑运行阶段和建筑拆除阶段。其中，建筑建造阶段的能耗主要产生于建筑材料的开采、生产、运输环节，建筑构件生产环节，以及建筑施工过程中消耗的各种资源；建筑运行阶段的能耗主要产生于供暖、制冷、通风、空调和照明等用于维护建筑环境的设备与系统用能，建筑内活动，包括办公、炊事等用能；建筑拆除阶段的能耗主要产生于拆除机械运作产生的能耗，拆除后物料运输产生的能耗，以及材料回收处理产生的能耗等。下面分阶段对建筑低碳化技术与方法进行探索。

◆建筑建造阶段

在建筑建造阶段，碳排放主要来源于建材生产和现场施工。在建筑全生命周期的碳排放中，这个阶段产生的碳排放占比接近30%。在建筑建造阶段，建筑材料的用量增加、施工过程中的机械化程度提高、建筑质量或标准提高导致单位建造成本提高等，都会导致这一阶段的碳排放增加。相反，施工机械的能效提高、能源使用强度降低、能源结构优化等，都会导致这一阶段的碳排放减少。因此，建筑建造阶段的碳减排可以从以下三个方面切入：

（1）建筑材料减碳。通过使用可回收、可再生的材料或者复合纤维材料实现碳减排，前者如木材，后者如利用植物纤维制造的具有高阻燃性和高强度的建筑材料。另外，建筑企业还可以对既有材料进行回收再利用，这里的“既有材料”可以参考“城市矿产”这一概念。

城市矿产指的是废旧机电设备、电线电缆、通信工具、汽车、家电、电子产品、金属和塑料包装物以及废料中潜藏的可以循环利用的钢铁、有色金属、贵金属、塑料、橡胶等资源。通过对这些资源进行回收再利用，不仅可以缓解资源短缺问题，而且可以减轻环境污染，发展循环经济。同时，建筑行业还可以利用再生混凝土、再生砖、再生玻璃、再生沥青等再生材料减少碳排放。

（2）结构工程减碳。结构工程实现碳减排的措施有三种，具体如表16–3所示。

表 16–3　结构工程实现碳减排的措施

序号	具体措施
1	通过优化结构设计提高结构韧性，延长结构的使用寿命，从而降低碳排放
2	通过简化结构减少建筑材料的用量，从而降低碳排放
3	通过构件再利用技术减少碳排放，例如对连接件、节点等进行再利用

（3）建造过程减碳。建造过程实现碳减排的方法如表16–4所示。

表 16–4　建造过程实现碳减排的方法

序号	具体方法
1	采用低碳工艺与绿色建造体系
2	减少建筑垃圾的产生，对建筑垃圾进行再利用
3	采用新型节能装备和工艺
4	执行绿色施工标准
5	推广装配式建筑

◆建筑运行阶段

建筑运行阶段指的是建筑使用阶段，倾向于使用能耗更少的节能设备或者建筑技术，实现建筑运行阶段的碳减排。建筑运行过程消耗的能量根据建筑系统而变化，建筑使用过程就是消耗能量的过程。根据WBCSD（World Business Council for Sustainable Development，世界可持续发展工商理事会）报告，建筑物消耗的能源中有88%是在使用和维护过程中消耗的。为了提高建筑运行过程中的能源利用效率，在建筑设计阶段可以采取的措施如表16–5所示。

表16–5　建筑设计阶段的碳减排措施

减排措施	具体内容
支持多用途改进	可持续发展理念主张将房屋与交易区域、办公室和零售区域结合起来，让人们有机会在他们工作和购物的地方居住，这使得社区的形成不同于传统社区，24小时的活动潜力也极大地提高了安全性
将设计与公共交通相结合	以支持公共交通为前提设计可持续建筑。在日常生活中，成千上万的车辆进出会造成空气污染和交通阻塞，并且需要大量停车位
使用节能灯泡和节能设备	例如发光二极管（LED）是目前最节能、发展最快的照明技术之一，使用LED取代传统灯具，可以更好地达到节能效果
照明控制	照明要求针对建筑设计。白天，建筑对照明的需求主要取决于窗户的大小、窗户的位置以及建筑物的位置。节能建筑通过自动控制来减少照明需求，自动控制则取决于建筑物窗户的方向、日光的供应以及房间的使用

◆建筑拆除阶段

目前，关于建筑碳中和的研究大多集中在建筑运行阶段，对建筑拆除阶段的研究比较少。建筑拆除阶段实现碳中和的逻辑主要是对建筑拆除后的资源进行回收利用，减少资源浪费，进而减少碳排放。

为了实现碳达峰·碳中和的目标，我国出台了很多政策，给建筑行业带来了较大的挑战。政府出台的政策都比较宏观，想要实现这些宏观的目标，建筑企业还需要从自身出发，从微观做起。具体来看，建筑企业要实现碳中和，要在建筑拆除阶段做好几点，如表16–6所示。

表 16–6　建筑拆除阶段的碳中和举措

序号	具体举措
1	推动老旧小区改造，以修代建，防止大拆大建
2	制定清晰的碳中和路径，推动整个建筑行业有序实现碳中和目标
3	控制建筑规模，积极推进建筑电气化，转变建筑行业的发展模式，从粗放式发展转向集约式发展
4	建筑行业想要实现碳中和，必须使规划、设计、施工、运行、拆除等环节相互协作、共同推进

第17章
智能建筑：绿色建筑节能设备与技术

01　空调系统的制冷主机设备

建筑行业可以使用高效设备，辅之以智能化管理手段，通过加强设备的运行管理来提高能源使用效率。一般来说，建筑行业可以使用的高效设备包括空调制冷主机、高效水泵风机、节能电机、高效制冷机房、能源管控平台等。

下面我们首先分析制冷主机技术。在空调系统中，制冷主机的能耗极高。为了降低制冷主机的能耗，各主机厂家在机组研发方面投入了大量资源。目前，制冷主机的创新研究取得了以下三大成果：第一，磁悬浮离心式机组，这类产品呈现出爆发式增长之势，产品线不断丰富，冷量范围与使用场景不断拓展；第二，螺杆机组应用温区及应用场景不断拓展；第三，吸收式热泵成为“大温差”供暖的核心技术，吸收式制冷技术亟待突破。

◆磁悬浮离心式机组

磁悬浮压缩机的普及应用促使磁悬浮离心式机组实现了爆发式增长，代表厂商包括麦克维尔、格力、海尔等，其优点如表17–1所示。

表 17–1　磁悬浮离心式机组的优点

优点	具体表现
节能高效，运行费用低	磁悬浮离心式机组采用磁悬浮压缩机、直流变频控制、无油润滑等先进技术，极大地提高了产品的能效比。在部分负荷运行条件下，磁悬浮离心式机组运行的能效比（COP）能够达到12，相较于常规冷水机组来说，可以节省近一半的电能
稳定耐用，维保费用低	磁悬浮离心式机组采用无油运转技术，运作过程中不会产生摩擦，相较于常规轴承来说更耐用。从摩擦损失看，磁悬浮轴承的摩擦损失只有传统离心式轴承的2%，磁悬浮空调的寿命可以达到30年。因为采用无油运转技术，基本消除了油路系统、油泵等零部件故障，将机组的可靠性提高了30%~50%，降低了检修成本。磁悬浮离心式机组的主机不需要每年清洗，只需要简单处理蒸发、冷凝器的水垢即可，清洗费用较低、操作简单，极大地提高了机组清洗效率
安装简单，施工费用低	磁悬浮离心式机组不需要软启动器，不仅节省了软启动设备，而且消除了对电网的冲击。因为机组震动较小，所以只需要设置简单的减震装置，按要求增加橡胶垫或减震器即可
负荷智能调节，高效舒适	在磁悬浮变频压缩机的支持下，磁悬浮离心式机组可以实现10%~100%负荷连续智能调节，将出水温度变化控制在0.1℃以内，保持温度变动平稳，提高舒适性
震动小，启动电流小	在磁悬浮的作用下，运动部件完全悬浮，在运行过程中不会产生机械摩擦，再加上气垫阻隔震动，所以不会产生太大的噪声与震动，压缩机噪声一般不会超过70db（A）。常规制冷机组的压缩机启动时会产生高冲击电波，一般会达到400～600A，导致电网不稳定，而磁悬浮机组采用变频启动的方式，启动电流只有2A，不会对电网造成较大冲击，在设计电网时不需要进行专门防护
绿色环保	磁悬浮离心式机组使用R134a（1，1，1，2–四氟乙烷），不会对臭氧层造成伤害，满足绿色环保要求
效率稳定	常规的大螺杆式机组系统即便每年清洗，也会有润滑油残留，最高会导致25%的能效损失，运行年限越长，运行效率下降越明显。磁悬浮机组采用无油运转技术，不会产生润滑油残留，即便运行年限增加，运行效率也不会因为润滑油残留而下降

◆气体轴承离心式机组

气体轴承离心式压缩机与磁悬浮离心式机组一样，都采用了“无油”润滑轴承，两者之间的不同之处在于，气体轴承离心式压缩机不需要复杂的传感器及控制系统，成本更低，维护起来更简单，适合小冷量机组使用，代表厂家包括美的、LG、顿汉布什、纳森等。

其中，顿汉布什研发了一款气体轴承离心式冷水机组，使用R134a，制冷量为300RT，COP能够达到6.3，IPLV（Integrated Part Load Value，综合部分负荷性能系数）能够达到12.2。LG研发的气体轴承离心式冷水机组的制冷量为150RT。

02　水泵风机高效节能系统

在全球电力能耗中，水泵能耗占比大约为10%。如果使用高效水泵，全世界可以节省大约4%的电能。目前，水泵节能最常用的方式就是使用高效水泵风机，节能方式主要有三种，一是设备节能，二是提高水泵风机的系统效率实现节能，三是在水泵风机运行过程中实现节能。具体如表17-2所示。

表17-2　水泵节能的三种方式

节能方式	主要应用
水泵风机设备节能	企业在设计、生产水泵风机时要执行更高的标准，最大限度提高水泵的使用效率，减少水力损失，达到节能目的
提高水泵风机系统效率	从节能角度对水泵风机系统进行设计，让系统各部件的匹配效果达到最佳，从而提升水泵风机系统的使用效率，延长水泵风机的使用寿命

续表

节能方式	主要应用
水泵风机运行过程中的节能	通过变速调节在水泵风机运行过程中实现节能。变速调节直接通过水泵转速的变化来改变水泵的性能，不会产生功率损耗。实现方式有很多，包括通过齿轮变速箱、皮带传动、变频、电动机等实现

在上述节能方式中，变频调速是最理想的方式，其优点在于效率高、无级调速、调速范围广，缺点在于需要投入较多资金。

03 节能减排电机的选择

电机是生产系统必备的零部件，电机耗能大的四大原因如表17–3所示。

表17–3 电机耗能大的四大原因

原因	具体分析
电机负载率低	电机选择不当，富余量过大或者生产工艺发生变化，导致电机的实际工作负荷比额定负荷小，最终导致电机的运行效率过低
电源电压不对称或者电压过低	三相四线制低压供电系统的单相负荷不平衡，导致电机的三相电压不对称，电机产生负序转矩，使得电机三相电压不对称问题进一步严重，电机运行损耗增加。再加上电网电压长期偏低，导致电机电流偏大，增加电机损耗。三相电压越不对称，电压越低，损耗越大
老、旧型电机没有及时淘汰	老、旧电机指的是使用E级绝缘的电机，电机体积较大，启动性能较差，运作效率较低，几经改造仍在使用，导致损耗较大
维修管理不善	有些企业没有按要求及时对电机进行维修保养，导致电机损耗越来越大

针对上述问题，相关企业可以采取以下措施提高电机运行效率，达到节能目的：

（1）选用节能型电机。与普通电机相比，节能型电机选用高质量的铜绕组和硅钢片，整体设计更加合理，运行损耗可以下降20%~30%，运行效率可以提高2%~7%，投资回收期相对较短，一般为1～2年，有的只需要几个月。因此，为了提高电机运行效率、降低能耗，用节能型电机取代传统电机是必然趋势。

（2）适当选择电机容量。我国对三相异步电动机的三个运行区域作了规定：一是经济运行区，负载率为70%~100%；二是一般运行区，负载率为40%~70%；三是非经济运行区，负载率不超过40%。电机容量选择不当就会造成电能浪费。因此，为了减少损耗，企业要选择合适的电机，提高功率因数与负载率。

（3）电机的功率因数无功补偿①。无功补偿的主要目的在于提高功率因数、减少功率损耗。功率因数=有功功率/视在功率。如果功率因数较低，就会导致电流过大。假设负荷与电压稳定，功率因数越低，电流就越大。因此，为了节约电能，要尽量提高功率因数。

（4）变频调速。企业在选择风机水泵类负载时一般会考虑满负荷工作需用量，但在实际工作情景中，大多数电机不会处于满负荷工作状态。交流电机调速比较困难，调节风量或流量最常用的方法就是使用挡风板、回流阀或者调整开关机时间。同时，在工频状态下，大型交流电机的开、停都比较困难，电能损耗比较大，会对电网造成较大的冲击。

而采用变频器直接控制风机、泵类负载，当电机转速稳定在额定转速的80%时，节能效率就能达到40%，同时可以实现闭环恒压控制，大幅提高电机的节能效率。在变频器的控制下，大型电机可以实现软停、

① 无功补偿，全称无功功率补偿，是一种在电力供电系统中提高电网的功率因数、降低供电变压器及输送线路的损耗、提高供电效率、改善供电环境的技术。

软起，不会对电网造成较大冲击，从而减少了电机故障的发生率，延长了电机的使用寿命，降低了对电网的容量要求。

04 中央空调高效制冷机房

在公共建筑产生的能耗中，中央空调的能耗大约占到了40%，由此可见，降低空调能耗对于建筑节能来说至关重要。在中央空调节能方面，引入高效制冷机房是一条非常有效的途径。2018年，广东省颁发了国内第一部制冷机房能效评价标准——《集中空调制冷机房系统能效检测及评价标准》，将能效1级以上的称为高效机房，将6级以上的称为超高效机房。

近年来，在国内的中央空调市场上，受种种因素的影响，高效制冷机房的发展面临着许多困难，如图17-1所示。

没有完善的系统规划与设计，没有根据实际需求选择设备，导致设备在运行过程中产生了较高的能耗

建设周期长，机房为设备独立进场、单独安装，周期长、精度低

空调入口设计大多为冷水7℃~12℃，冷却水32℃，没有考虑负荷变化，没有考虑冷却塔与主机是否匹配

系统缺乏设备运行状态、系统能耗等方面的实测数据

图17-1　高效制冷机房陷入发展困境的四大原因

为了解决上述问题，企业可以采取一些措施将高效制冷机房的优点真实地展现出来，这个过程可能涵盖产品设计与研发、系统集成、施工

及后期运维等阶段。因此，制造企业要根据工程的全生命周期对制冷机房进行设计、施工、调试与运行管理，让制冷机房的动态性能达到最佳，弱化对运行人员的依赖，创建一套智慧化运行管控系统。除此之外，制造企业还可以面向不同的应用场景和需求研发空调主机、水泵、换热器、阀门等高效设备，推动制冷业从“制造”升级为“智造”。

高效制冷机房的初期投资成本较高，后期经济回报周期长短不一，再加上需要长期管理与维护，投资方综合考虑各种因素可能决定投资，也可能决定不投资，因此项目能否落地在很大程度上取决于投资方的最终决策。另外，高效制冷机房对建筑规模也有一定的要求，要求建筑体量超过60000平方米甚至更大，只有这样才能将高效机房的节能效果体现出来。

综上所述，高效制冷机房可以有效降低中央空调的能耗，但在推广应用的过程中面临着很多挑战，具体包括：没有完善的标准，无法对能效进行合理测量，需要安装公司配合才能保证项目落地，需要开展经济性测算，全生命周期的概念亟待普及等。

05　区域供冷系统及其优缺点

区域供冷系统是在能源短缺、科技进步、城市化发展的背景下诞生的，属于城市或区域能源规划及分布式能源站的一个组成部分，发展到今天已有60多年。从技术层面看，区域供冷系统一般由区域供冷站、输送管网、用户入口装置三部分构成，供冷站集中制备冷水，然后通过区域管网将冷水输送到某个特定区域内的多个建筑物中，满足这些建筑物对空调冷源的要求。区域供冷系统由一个或者多个供冷站组成，是区域能源系统的重要组成部分，可以与分布式能源站、热电厂、城市燃气系统及其他余热利用等相结合，共同组成能源梯级利用系统。

根据《民用建筑采暖通风与空气调节设计规范》的相关规定，区域供冷系统的适用区域包括城市中心商业区、高科技产业园区、大学校园、大型交通枢纽、大型物流仓储中心和工业企业、新开发的高档住宅小区、为改善街区环境必须进行空调设施改造的区域等。在气候炎热的夏天，如果某区域公共建筑的密度很大，就可以采用区域供冷系统降低建筑运行成本。

目前，在国内，上海虹桥商务核心区区域集中供冷项目、武汉光谷软件园集中供冷项目、珠海横琴岛多联供燃气能源站项目等区域供冷项目都已经成功落地，但人们对区域供冷系统有褒有贬，评价不一。对区域供冷系统的优缺点进行具体分析，结果如表17–4所示。

表 17–4　区域供冷系统的优缺点

优点	区域供冷系统可以整合区域的能源系统，扩大公共服务供给
	相较于分散式供冷来说，区域供冷系统的设计更先进，设备更完善，安装、调试、运营管理等更成熟
	区域供冷系统可以减少20%~25%的装机容量和配电容量，虽然增加了管网投资，但整体来看投资额有所减少
	区域供冷系统可以节省10%~20%的建筑面积，占地面积较小
缺点	区域供冷要计算人力成本、设备折旧、资金成本、税金和合理利润，导致价格过高，超过了0.7元/千瓦时
	相较于分散供冷来说，区域供冷在输送过程中会产生一定的损耗，导致整体能效降低10%左右
	经营难度大，冷负荷发展周期具有很大的不确定性，“达产”时间比较长，资金回笼比较慢

对区域供冷系统的优缺点进行综合考虑可以得出如下结论：经济发达、土地资源短缺、供冷时间较长的华南地区不适合采用区域供冷。因此，区域供冷想要获得更好的发展，必须选择合适的应用场景，做好规划设计与运维管理。

06　建筑新能源技术与管控平台

根据《工业企业能源管控中心建设指南》的要求，能源管控中心要利用自动化、信息化、智能化技术，对能源购入存储、加工转换、输送分配、终端使用等环节进行数字化管理与动态监控，对能效进行分析、管理与考核，创建企业节能降耗管控一体化系统，并安排专业人员进行管理。

能源管控平台的主要功能是对用户端能源进行管理分析，对水、气、煤、油、热（冷）量等能源进行集中采集与分析，对用户端能耗进行细分，将各类能源的使用情况以数据或图表的形式呈现出来，以便管理人员及时发现能耗较高的部分或者不合理的能耗习惯，为节能改造、设备升级提供足够的依据。

2011年至今，我国发电量始终高居世界第一，而且在全球发电总量中所占比重越来越大。根据全国能源信息平台在2021年2月发布的数据，2020年全年，我国发电量为7.42万亿千瓦时，具体构成如图17-2所示。

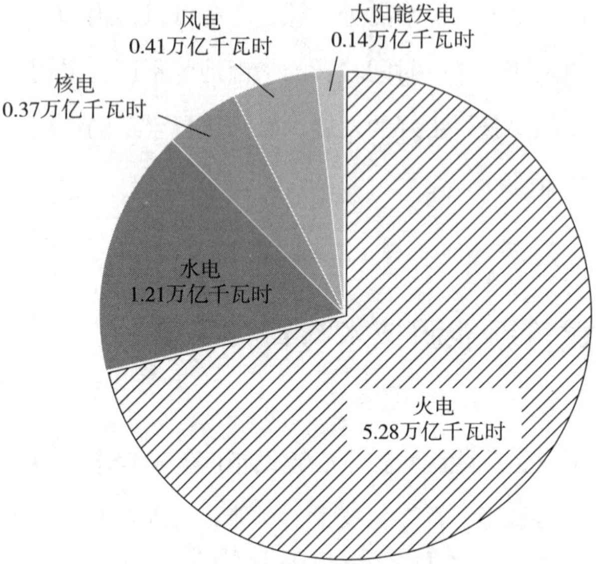

图 17–2　我国发电量构成

根据国家统计局发布的数据，截止到2020年底，我国发电装机容量为220058万千瓦，同比增长9.5%，具体构成如图17–3所示。

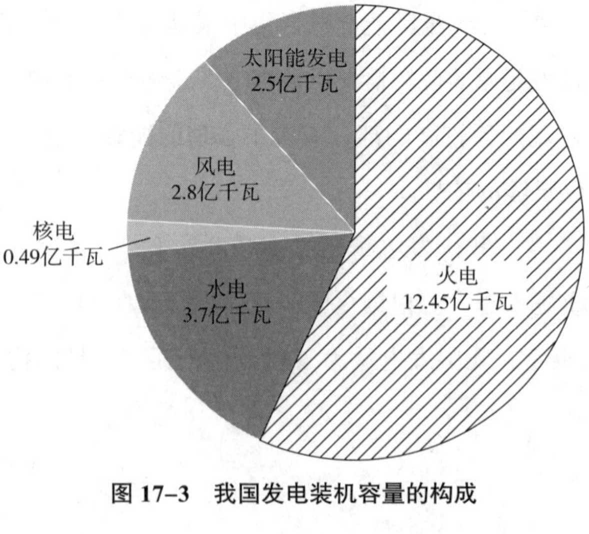

图 17–3　我国发电装机容量的构成

在上述几种类型的电力中，风力发电与太阳能发电的装机容量增长速度最快，其中风力发电同比增长34.6%，太阳能发电同比增长24.1%，将火电的装机容量增加量占比成功降至50%以下。

为了实现碳达峰、碳中和目标，新能源装机容量的增长速度持续加快。各大电力企业发布的“十四五”期间新能源装机计划和占比目标如表17–5所示。

表17–5 “十四五”期间新能源装机计划和占比目标[①] （%）

集团名称	“十四五”期间新增清洁能源装机规模	2025年清洁能源装机占比
国家能源	12000万千瓦时	40
华能集团	8000万千瓦时以上	50
国家电投	4000万千瓦时以上	60
华电集团	7500万千瓦时	60
大唐集团	4000万千瓦时以上	50
三峡集团	7500万千瓦时	—
华润电力	4000万千瓦时	50
中国广核	2000万千瓦时	—
国投电力	2000万千瓦时	—

新能源装机容量与发电量持续增加，对碳达峰、碳中和的实现产生了积极的推动作用。利用可再生能源替代化石能源，减少建筑的碳排放，具体措施包括电网电力的清洁化、建筑本体清洁能源的自生产。具体有以下几点：

◆光伏建筑一体化

根据《民用建筑太阳能光伏系统应用技术规范》（JGJ203–2010）

① 国家电投、大唐集团、国投电力的新增规模为推算数据。

的定义，光伏建筑一体化（Building Integrated Photovoltaic，BIPV）指的是“在建筑上安装光伏系统，并通过专门设计，实现光伏系统与建筑的良好结合”。同时还引申出“建材型光伏构件”，对其的定义是“太阳电池与建筑材料复合在一起，成为不可分割的建筑材料或建筑构件”。也就是说，光伏建筑一体化使用的建材型光伏构件必须具备普通构件的功能与特性。建筑项目只有合理使用建材型光伏构件才能称为BIPV项目。

随着BIPV行业不断发展，相关科技不断迭代，市场上出现了各种各样的建材型光伏构件。在实际应用的过程中，这些构件不仅发挥着建材应有的功能，而且为建筑美学设计赋予了不同的内涵。一般情况下，建材型光伏构件主要应用于建筑的立面、屋面、外遮阳、雨棚、外窗以及停车棚、车库入口等附属设施。

为了实现碳达峰、碳中和目标，建筑行业会不断升级“光伏+”概念，光伏建筑一体化这一概念将在很长一段时间内保持热度。近几年，BIPV市场吸引了隆基、英利、晶科、东方日升、中信博、秀强股份、金晶科技等光伏企业相继进入，这些企业通过跨界收购、加大投资、积极研发，开发出很多BIPV领域的应用产品，促使BIPV实现产业化发展。

据预测，中国现有建筑面积600亿平方米，大约有1/6可以安装BIPV产品，装机容量大约1500吉瓦。同时，我国每年新增建筑面积大约为20亿平方米，可以安装BIPV产品15吉瓦以上。[①]可见，在我国建筑领域，BIPV拥有广阔的发展空间。正是基于这一点，BIPV才吸引了大量企业前来布局。

---

① 数据来源：中国建筑科学研究院。

目前，BIPV正处于技术推广阶段，还没有实现规模化应用。为了推动BIPV行业健康有序发展，首先要围绕BIPV行业编制标准体系，覆盖建筑设计、建筑建造、建筑验收整个过程；其次要搭建产业对接平台，促使光伏与建筑实现深度融合；最后要在全社会范围内开展光伏建筑一体化推广计划，扩大BIPV的应用范围。

◆其他新能源

目前，风能、太阳能、潮汐能、地热能、水能、核能、生物乙醇、工业余热、生物质能、沼气、垃圾填埋气等新能源已经具备落地应用的条件，除此之外，还有一些目前停留在概念层面，未来必将落地应用的技术，包括微生物电池等。随着技术的不断发展，新能源的类型将越来越多，应用范围、应用空间也将越来越广。

◆碳捕捉

碳捕捉就是将大气中的二氧化碳捕捉压缩到枯竭的油田、天然气或其他安全的地下场所。碳捕捉常用的分离技术有三种，分别是物理吸收法、化学吸收法和膜分离法。

物理吸收法指的是对化石燃料燃烧后产生的气体进行收集，然后利用溶剂萃取废气中的二氧化碳，进行降温处理，获得固态的二氧化碳。化学吸收法指的是利用二氧化碳溶于水形成酸的特性，在烟道内安装脱碳吸附装置，利用化学吸收剂吸收废气中的二氧化碳。膜分离法是基于膜选择性渗透的特点，利用压差让二氧化碳穿过薄膜，从而获得高纯度的二氧化碳。

传统的碳捕捉和封存装置一般安装在烟气排放处，在二氧化碳排入大气之前将其吸收处理。这种方法虽然使用了很长时间，但购买成本、运营成本都比较高，而且无法100%捕获二氧化碳。对于建筑企业来说，安装这类设备不会获得任何收益，而且面临着一定的技术瓶颈，导致这类设备迟迟没有实现普及应用。为了鼓励建筑企业安装碳捕捉装置，相关部门可以出台一些政策。

第七部分

新型农业篇

第18章
绿色农业：农业供给侧改革的原动力

01　构建绿色生态农业发展体系

我国农业发展几经变革，绿色农业应该是一场重大革命。在以习近平同志为核心的党中央的不懈努力下，我国绿色农业实现了良好的发展。根据《中国农业绿色发展报告2019》，从2012年到2018年，我国农业绿色发展指数从73.46提升到了76.12，资源节约、环境安全、绿色产品供给等方面都有不同程度的改善，为生态文明建设提供了强有力的支持。

“民以食为天”，食品安全是关系人民群众生命健康的重要问题。特别是在消费升级背景下，我国民众对食品的诉求从以往的“吃得饱”“吃得好”转变为“吃得安全、健康、生态”，无毒、无残留、无公害等绿色安全农产品的消费需求呈现爆发式增长。

消费市场需求的转变推动了农产品供给结构的调整与变革，要求农业发展从“生产导向型”转向“消费导向型”，不断增加安全、绿色、生态、有机农产品的有效供给，满足居民日益增长的高品质、安全、绿色农产品需要；同时要加快建立健全农产品标准化生产、农产品安全检测、品牌农产品质量认证和农业标准化推广体系，保障居民“舌尖上的安全”。

发展绿色农业，增加绿色农产品供给，首先要改变农业生产方式，从传统粗放型生产转向绿色、清洁生产，逐步改变农业施肥方式，制定和执行更严格的化肥农药行业管理标准，大力推广有机肥，增强农业病虫害预防治理能力，实现绿色防控、绿色生产。

同时，面对日益严峻的农业环境问题，要加大力度集中治理，深入实施土壤污染防护与治理行动，持续推进耕地、草原、河流湖泊等生态系统修复和综合治理工作，实现农业生产效益与社会效益、生态效益的平衡，“既要金山银山，也要绿水青山”，构建绿色农业发展模式，实现农业可持续发展。

农业供给侧结构性改革的最终目标是实现农业现代化，提高农业的可持续发展和整体竞争力，其中的关键是大力推进涉农科技创新，构建以科技和创新为主要驱动力的农业发展模式。因此，我国必须加快深化农业科研创新机制改革，有效解决农业科研与农业生产“两张皮”的问题，真正发挥农业科研在农业供给侧结构性改革中的引领和支撑作用。

具体来看，增强农业科技支撑需要从几点发力，如表18-1所示。

表18-1　增强农业科技支撑的四大策略

序号	策略
1	加快推进重大涉农科研课题攻关，建立健全农业科技创新激励机制，推动国家农业科技创新联盟和区域农业技术研发中心建设，着力培育扶持一批农业资源开放共享与服务平台，不断提升涉农服务水平

续表

序号	策略
2	从新时代农村产业发展和农业现代化建设的需求出发，调整农业科研方向和内容，使农业科技创新真正服务于农业发展，拓展农业科研的广度和深度，加大智慧农业、数字农业、精准农业、产品深加工、冷链物流等方面的科技创新力度
3	加快“互联网+农业”发展战略的落地，借助农村电商、农业大数据等信息化技术重构传统农业生产方式和产业运营模式，推动农业产业互联网转型，增强我国农业的竞争力和创新力，补齐农业现代化的短板
4	加快打通农业科研与农业生产之间的“最后一公里”，让“高大上”的农业科研更贴近农业生产实际，将科技创新成果真正运用到农业发展的实践中

为此，我国要深化基层农业技术推广体系变革，创新优化农业技术推广服务方式，实行政府购买服务和项目管理制，吸引整合全社会的力量参与农业科技创新和应用推广；同时还要加快培育具备市场运营和农业技术能力的新型职业农民，让涉农科技创新成果能被农民所用，真正转化为农业生产力和农民收益。

02　农业供给侧结构性改革的五大着力点

农业供给侧结构性改革是我国供给侧结构性改革的重要内容，是经济新常态下促进农业发展、农民增收、农村繁荣的重要战略。下面从农业生产基本公共服务的视角切入，探讨推进农业供给侧结构性改革的几个着力点，如图18-1所示。

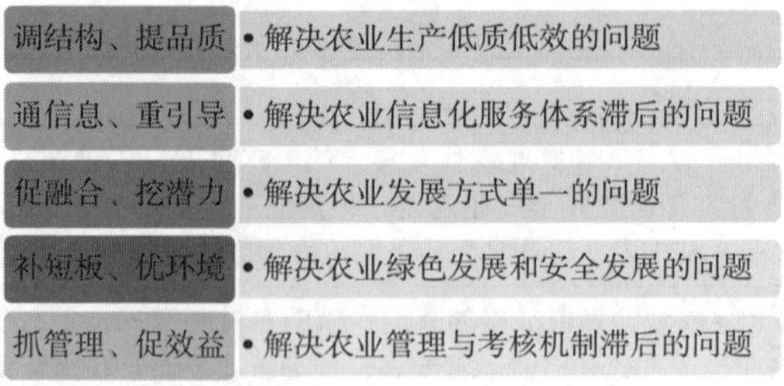

图 18–1　推进农业供给侧结构性改革的五大着力点

◆调结构、提品质，解决农业生产低质低效的问题

随着农业生产力水平不断提高，我国农产品产量持续增加。但在消费升级的大背景下，消费者对农产品的质量要求不断提高，导致我国农产品市场呈现出低质农产品产能过剩、高品质农产品供不应求的现象，农产品供给的结构性矛盾日益凸显。

同时，在经济新常态下，我国农业生产还面临着农产品价格遭遇“天花板”、生产成本持续攀升、资源环境压力日益增大等诸多挑战。小麦、玉米、棉花、大豆等部分农产品严重依赖国际市场，国内均价比国际价格高出20%~100%，在国际农产品市场中处于竞争弱势。此外，为了维持农业生产的积极性，我国托市收购的农产品的库存水平持续保持在高位，导致国内农产品市场呈现出生产量、进口量、库存量“三量齐增”的不良局面。

因此，加快推进农业供给侧结构性改革，优化农产品结构、提高农产品质量、增加农产品有效供给，实现农产品市场供需平衡，提高能源资源利用率已经成为新常态下我国农业产业可持续发展的主要内容和必然要求。

简单来看，我国要通过农业供给侧结构性改革，逐步实现农业生产“从量到质”的转型升级，调结构、提品质，解决农业生产的低质低效问题，增加绿色、有机、安全农产品的有效供给，构建我国农产品在国际市场中的核心竞争力。

◆通信息、重引导，解决农业信息化服务体系滞后的问题

当前，信息化服务缺位已经成为我国农业现代化发展的一大瓶颈，对农业发展造成了严重影响，导致农产品丰产不丰收，挫伤了农民的生产积极性和消费者对国内农产品消费的信心，进而对总体经济发展、社会稳定和国家安全造成了不利影响。因此，深化农业供给侧结构性改革，要不断提高农业信息化水平，解决农业信息化服务体系滞后的问题；要加快建立完善农业信息监测预警机制，解决农业信息不透明、流通不畅、采集不规范、缺乏权威发布等痛点；要大力推进农业信息化服务体系建设，加强相关制度规范和政策引导，鼓励、培育、扶持新型农业社会化信息服务机构；要不断优化以政府为主导的公益性农业服务，利用信息化服务实现农业生产的降本、增效、提质。

◆促融合、挖潜力，解决农业发展方式单一的问题

我国农业发展仍处于从传统到现代的转型升级阶段，自动化、智能化、信息化的现代农业产业体系尚未建立，农业基础设施依然薄弱、产业发展滞后、缺乏核心竞争力，农业产业化、市场化和集约化水平较低的状况并未得到明显改善，农业发展采取的仍然是资源投入、损害环境、片面追求产量和速度的粗放型方式，对自然和市场风险的抵抗力弱、农业面源污染和食品安全问题频发，尚未建立起技术与创新驱动的可持续发展模式。

农业供给侧结构性改革并不只是农业自身的事情，要将其放到整个社会经济发展结构优化升级的框架下，将农业现代化建设与新型工业化和城镇化建设统筹规划，让二者实现协同发展，改变农业产业“单兵推进”的运营思维和模式，促使新型工业化和城镇化实现有机融合，挖掘农业的多种功能，拓展农业的广度与深度，为农业现代化发展提供更广阔的想象空间。

◆补短板、优环境，解决农业绿色发展和安全发展的问题

“绿色发展”和“安全发展”是我国农业现代化建设的两大痛点。由于传统农业发展过于追求产量和速度，再加上粗放型的发展模式，我国土壤肥力和地下淡水资源消耗过度、化肥农药和饲料添加剂等普遍滥用，造成土壤板结、地力下降、环境污染、食品安全等众多不利于农业可持续发展的问题。

为此，我国政府提出要加快建立健全“从农田到餐桌”全流程可追溯的农产品质量和食品安全监管体系，“加强产地环境保护和源头治理，实行严格的农业投入品管理”；强化农业与食品药品部门的一体化对接，协同构建从生产到消费全流程信息互联共享的可视化监管机制，完善农产品风险监测评估与检验检测体系，打造绿色农业、安全农业。

◆抓管理、促效益，解决农业管理与考核机制滞后的问题

农业管理与考核机制滞后也是我国农业现代化面临的一大瓶颈：重农业产出数量、忽视质量，重种植养殖等生产环节、忽视产品营销，绩效考核关注规模、忽略效益。

不合理的管理与考核机制导致我国农业生产投入成本高但整体产出

效益低，特别是在农业规模化经营日益兴起的经济新常态背景下，这一问题更加凸显——过高的生产成本导致家庭农场、种植大户、农民合作社等众多新型农业经营主体面临日益严峻的“规模大、效益低”的困境，具备现代管理与技术能力的职业化新农民成为农业现代化面临的人才瓶颈。

为此，农业供给侧结构性改革必须加快重塑农业管理与考核机制，提升农业经营效益；要大力培育既懂市场运营又懂农业生产的新型农民，利用合同制、合作制、股份合作制等现代经济关系重构农业产业链，实现农产品生产、加工、销售、管理等各环节的一体化对接，将新型职业农民、涉农企业和农产品市场紧密联系起来，增强农业有效供给能力。

同时，还要加快建立科学合理的农业考核评价机制，注重考核因素的多样性，在追求速度与数量的同时，充分考虑农业产出成本、资源消耗、环境污染等问题，从经济、社会和生态多个角度综合评价农业发展效益，推动我国农业走高效、绿色、安全的可持续发展道路。

03　深化农村土地管理改革

推进农业供给侧结构性改革，还要深化农村土地管理改革，特别是要加快完善农村土地产权制度，为农业产业化、信息化、现代化发展提供有力支撑。

简单来看，改革前，我国农村集体土地的所有权与经营权合一，实行家庭联产承包责任制，土地所有权归集体所有，农户享有土地承包经营权。土地产权制度改革的主要方向则是保持集体所有权不变，将土地的承包经营权进一步细分为承包权与经营权，实现农村土地的“‘三权’分置”，“三权”即集体所有权、农户承包权和土地经营权。

“‘三权’分置”的农村土地管理改革是在农业人口大量流向第二产业和第三产业、社会老龄化水平不断提高的背景下，优化农业资源配置、提高土地利用率、构建农业适度规模经营的现代农业发展模式的必然选择，有助于解决我国传统农业经营规模小、竞争力弱、产业化和现代化水平低等发展痛点。

在保障农民土地承包权益的基础上将土地经营权分离出来，有利于促进土地这一农业生产要素自由流动，实现土地资源的更优化配置和更高效利用，为新型农业经营主体发展适度规模经营提供有力支撑。

培育新型农业经营主体，发展农业适度规模经营，有利于解决供需结构失衡、资源错配、生态环境恶化、农业竞争力不足等农业发展的结构性矛盾，深化农业供给侧结构性改革，同时也有助于构建科技与创新驱动的现代农业发展模式，提升我国农业产业链的整体竞争力和可持续发展能力。

04 创新农村金融服务管理模式

金融是现代经济发展的核心，推进农业供给侧结构性改革同样需要创新农村金融服务。一方面，随着新型城镇化建设和城乡一体化发展不断推进，农村地区对金融产品和服务的需求不断增多，且日益多元化；另一方面，我国农村金融服务体系严重滞后，远远无法满足农民日益增长的金融需求，“三农”发展一直面临着融资难、金融产品和服务的获取成本高等痛点。

因此，我国必须创新农村金融服务。一方面要强化政策性金融保障，有效降低“三农”融资成本；另一方面要大力发展互联网金融、普惠金融等更多创新型的金融服务模式，满足新型农业经营主体的多元化金融需求。具体来看就是要做到以下三点：

- 深入探索承包土地的经营权和农民住房财产权抵押贷款的金融服务模式，通过盘活“两权”抵押为农村金融创新带来更大的想象空间；加快发展大型农机具、农业生产设施抵押贷款业务，尽快完成农村各类资源资产的权属认定，通过部门确权信息与银行等金融机构的联网共享，为农村金融服务创新提供支持。
- 不断深化涉农保险改革，扩大农业保险保障覆盖面，在开办险种上从大宗农作物保险向特色险种和商业险种升级，推动农业保险从保物化成本向保完全成本转型升级；在风险责任上从保单一风险向综合保险全面升级，充分满足新型农业经营主体和农业适度规模化经营对保险产品与服务的多元化需求。加快建立健全农业经营保险体系，通过完善的涉农保险制度解决农业发展的后顾之忧，加快农业改革步伐。
- 加强政策引导，通过增加涉农财政资金投入吸引更多社会资本流向“三农”领域。例如，探索政府与社会资本的合作模式、加快建立农业金融服务担保机制和风险补偿基金、推行以奖代补和贴息政策、鼓励各类涉农投资基金建立发展、推动地方政府债券大力向农村基础设施建设领域倾斜。

作为一个农业大国，“三农”问题直接关系到我国全面建成小康社会、“两个一百年”奋斗目标和中华民族伟大复兴的中国梦的宏伟目标的实现。推进农业供给侧结构性改革，必须在确保国家粮食安全、农民增收和农村稳定的基础上，加快农业品牌建设、大力发展绿色农业、增强农业科技支撑、改革农村土地管理制度、创新农村金融服务，优化我国农业整体供给质量和效率，增强农业可持续发展能力和国际竞争力，实现农业现代化。

第19章 数字赋能：农产品电商重塑传统农业

01 电商驱动农业数字化转型

随着互联网的迅猛发展，电子商务迎来黄金发展期，其中B2C电商模式受到了广大创业者及企业的青睐。解决农产品上行问题一直是社会各界关注的焦点，B2C电商模式为解决这一问题提供了新思路。但基于农产品本身的特性，农产品电商模式在探索过程中会遇到一系列问题。

◆农产品电商：农业转型的重要路径

在过去的十几年间，电商成为推动我国经济发展的重要驱动力，电商及其配套产业创造了大量的就业岗位。阿里巴巴、京东、拼多多等电商平台展现出了强大的活力，部分入驻商家在红利期获得了相当可观的利润回报。随着生活及工作压力越来越大，人们外出购物的时间越来越少，送货上门的网络购物受到了广大消费者尤其是“80后”

及“90后”等年轻群体的青睐，为B2C电商模式在国内的推广普及提供了强有力的支撑。

蔬菜、蛋类、肉类、水果等农产品作为刚需产品，需求量大、消费频率高。与电商平台中的服饰、家电、家居等产品相比，农产品消费更稳定，受经济波动影响较小。而且随着人们生活水平越来越高，对优质农产品的需求快速提升。

农村地区经济发展落后、基础设施不完善等，导致我国农产品流通受阻、成本居高不下。探索农产品B2C电商模式，有助于打破农产品销售困境，为广大农户创造更多收入，同时也可以满足消费者对高品质农产品的消费需求。

为了更好地推进农产品流通，各地都在积极探索农产品B2C电商模式，例如厦门地区出现了“土巴巴”平台，浙江地区出现了“E农网”，上海地区出现了“菜管家”，更有覆盖全国大部分城市的综合型农产品电商平台惠农网等。当然，目前，这些电商平台正处于探索阶段，和已经成熟的京东、淘宝、天猫存在较大差距。

农业信息化发展落后，是我国农产品B2C电商发展的一大阻力。农产品电商平台更多的是提供信息服务，为供需双方搭建对接平台，并未实现真正意义上的产销无缝对接。与此同时，由于各地区经济发展不平衡，部分地区尚未开始探索农产品B2C电商模式。

◆电商平台如何布局农业市场

从农业企业的角度看，选择覆盖广度还是覆盖深度并没有对错之分，更多的是根据自身的情况做出的选择。当企业在人才及资源方面的积累不足时，选择提高覆盖深度会更具优势，可以让企业通过在细分领域的精耕细作积累资源及经验，为日后扩大市场份额奠定基础。如果是阿里巴巴、京东这类行业巨头，在海量资金的支持下，完全可以先提高市场份额，扩大覆盖广度。

本地化问题也应该得到农村电商从业者的高度重视。与城市相比，农村比较闭塞、偏向保守，会给新流通体系的打造及电商平台的发展带来明显阻力，农村的产业结构、配套设施及环境氛围等对电商并不友好。

外来电商和当地传统企业之间需要协同配合，不能为了发展农村电商忽略了当地传统企业的利益诉求。这些传统企业虽然经营模式相对落后，但它们对农产品及农村市场有着深入的了解，是推进农村电商乃至农村经济发展的重要驱动力。外来电商应该加强与它们的交流合作，帮助其实现网络化、信息化转型，提高产品流通效率，降低经营成本。如果不能做到这一点，很容易让电商企业与当地传统企业产生矛盾和冲突，而后者往往掌握着农产品渠道资源，并且对当地就业有较大影响，电商企业与之交恶绝非明智之举。

从农村电商产业的长期发展来看，本地化也是必然选择，将城市的电商发展经验直接复制到农村显然并不合适。目前，部分地区出现了值得借鉴的电商企业本地化的案例，例如贵州仁怀的一批村淘合伙人共同创建电商公司，借助淘宝、微信等渠道销售当地的特色农产品，不仅提高了村淘合伙人的收入水平，帮助部分未能满足村淘合伙人条件的创业者成功就业，而且提高了当地农产品的销量与溢价能力。

要想推动农村电商产业走向成熟，需要包括监管部门、地方政府、创业者及企业在内的诸多参与主体的协调配合。农村市场的复杂性决定了未来会是一个多种农村电商模式共存的局面，除了上述几大农村电商模式以外，必然还会出现更多新模式。而且由于农村电商市场的潜在价值巨大，会吸引更多玩家参与进来，从而使农村电商市场的格局变得越发复杂，给各参与主体之间的协调配合带来极大的挑战。

巨头的加入对农村电商基础设施建设与用户习惯培养等产生积极影响，与此同时市场竞争也变得更为激烈。在巨头布局尚未完善的短暂窗口期，创业者与企业需要做好三个方面的工作：其一，根据自身的发展情况，明确现阶段是选择覆盖广度还是覆盖深度；其二，与当地传统企业合作，实现本土化经营；其三，从农村电商产业长期发展角度，增强自身与各参与主体的交流与合作。

02　加强特色农产品品牌建设

我国是一个农业大国和人口大国，农业关系到14亿人口的生存发展问题，对我国整体经济发展和社会安定和谐有着重要影响。随着中国特色社会主义建设进入新阶段，我国农业发展面临着很多新的问题和挑战：农业主要矛盾从总量不足转变为供给侧的结构性矛盾——部分农产品产能过剩、优质农产品供给不足、农产品市场“三量齐增”等。

因此，农业供给侧结构性改革成为当前乃至今后一段时期我国“三农”工作的主线，是供给侧结构性改革的重要内容，也是建设具有可持续发展能力与国际竞争力的现代化农业的必然路径。

从国际农业发展经验看，实施农业品牌战略是改变我国农业在国际产业链中的低端位置、提高农业整体竞争力、建设农业强国的必然选择。例如，法国能够成为欧盟最大的农业生产国和全球第二大农业出口国的一个关键原因，是其高度重视农业品牌建设，依托本国的农业比较优势积极打造特色农产品品牌，并建立了完善的知识产权保护体系为农业品牌建设保驾护航。借助众多特色农产品品牌，法国农产品逐渐在全球市场中获得良好的口碑，受到消费者的信任，成为高标准、高品质农产品的代表，在全球农业市场中建立起独特的竞争优势。

随着我国对外开放水平不断提升以及全球经济一体化日益加深，我国农业发展面临着更加严峻的国际竞争，需要通过品牌建设打造一批具有国际竞争力的特色农产品品牌，改变我国农业在全球产业链中的不利地位，加快推动农业现代化转型升级。

从国内农业发展状况看，推进农业品牌建设是充分挖掘和发挥不同地区农业发展优势、构建区域特色农业的主要方式。

我国地域广阔，不同地区的农业发展环境和基础有很大差异，农业发展区域失衡严重。不过，农业品牌建设较好的地区大多也是农业现代化水平较高的地区。从这个角度看，涉及生产、市场等多个环节的农业品牌建设，是优化农业产业结构、打造区域特色农业、实现农业产业化和现代化发展的重要推动力。

习近平总书记指出，我国农业发展要走品牌化道路，要通过有机整合各地独特的自然生态环境、种植养殖方式和人文历史等要素，打造地区性、全国性乃至世界性的农产品品牌，以品牌化带动产业化和现代化，使农业品牌建设成为推动地区经济可持续发展的重要力量。

03　建立绿色农产品流通体系

移动互联网时代，成本高、效率低下的农产品物流环节开始迎来重大变革。此前，由于物流环节存在的诸多问题，农产品流通受阻。由于流通效率低，农产品不但出现了大量损耗，而且难以保持新鲜度，在影响农户收入的同时，也导致人们难以购买到优质低价的农产品。在这种情况下，解决物流问题就成了发展绿色农业的一项重要课题。

绿色农产品指的是在绿色可持续发展的主流趋势下，采用特定方式组织生产、流通，经过专业机构严格检测及鉴定，满足人们日益增长的食品安全需求的农产品的总称。绿色农产品物流涉及原材料、加工品及最终成品的仓储及配送，对农产品流通进行系统化、精细化的全面管理及控制。

绿色农产品更加强调产品品质、节能、环保、可持续，对施肥用药、流通渠道、产品包装等有严格规定，从而使其成本明显高于普通农产品，产能也受到极大的限制，在市场竞争中处于不利地位。

从绿色农产品的成本构成看，物流成本在其中占据了较大的比重，所以，通过对物流环节进行严格控制，降低物流成本，提高物流效率，为消费者提供更大的让利空间，探索出真正适合我国绿色农产品发展的物流模式，将有效促进绿色农产品的推广普及，造福亿万民众。

不难发现，绿色农产品物流涉及的环节众多，但最终只有交付到用户手中才能完成价值变现。所以，现阶段，相关企业可以从销售环节入手来探索农产品的物流模式。从本质上看，销售物流是指企业以盈利为目的，为将产品销售给消费者而进行的物流活动。在这个过程中，产品所有权从企业转移到消费者。具体来看，制定科学合理的绿色农产品销售物流策略需要从以下几个方面着手：

◆包装策略

绿色农产品包装不仅要满足给消费者带来较强冲击力、便于营销推广的要求，而且要符合健康、环保等绿色要求。绿色农产品不能采用普通农产品普遍使用的简装及散装模式，需要对包装材料和包装方式进行严格限制，如表19–1所示。

表19–1　绿色农产品的包装策略

	具体策略
包装材料的选择	从物流运输方面看，绿色农产品包装不仅限于成品包装方面，还包括产品运输包装，要基于产品特性、销售方式及消费方式选择合适的包装材料，降低绿色农产品在流通环节受到污染的可能性。包装材料以绿色环保材料为主，并且要考虑包装成本，避免过度包装
包装方式的选择	在包装方式选择方面，企业应该针对不同种类的绿色农产品采用差异化的包装方式，在彰显绿色农产品特色的同时，也要保障绿色农产品的品质。例如：蔬菜等对新鲜度要求较高且容易变质的绿色农产品，应该以小包装方式为主；而核桃、杏仁等不易变质且对包装要求较低的绿色农产品，应该以大包装方式为主。这样在充分满足广大民众品质生活需求的同时，又能够有效控制包装成本

◆运输策略

制定绿色农产品运输策略，关键在于提高产品流通效率，降低流通成本。在这方面，运输方式和运输路线的选择尤为关键，如表19–2所示。

表 19–2　绿色农产品的运输策略

	具体策略
选择合适的运输方式	目前，国内主要的运输方式包括公路运输、铁路运输、水运运输、航空运输及管道运输，而管道运输在农产品流通中应用极少，几乎不用考虑。选择绿色农产品运输方式时，应该对运输成本、农产品特性及运输方式特性等因素进行综合考量。例如价值较高且对新鲜度要求较高的海鲜类产品比较适合航空运输；容易腐烂、价值一般的绿色农产品可以使用公路运输，并结合冷链物流技术确保产品品质；存储时间较长的绿色农产品可以使用成本较低的铁路及水运运输。当然，农产品实际运输过程中并非仅采用单一的运输方式，而是多种运输方式相结合
快捷便利的运输路线	我国政府为了提高农户收入、推广绿色农产品，出台了一系列农产品运输的利好政策，地方政府为了扶持当地农业发展，也积极出台相关政策，为绿色农产品流通开辟“绿色通道”。所以，在为绿色农产品选择配送路线时，需要充分利用这些利好政策，在降低运输成本的同时，将优质的绿色农产品快速高效地交付到广大消费者手中

◆配送策略

绿色农产品配送指的是在一定区域内，根据用户的个性化需求，对产品进行分拣、加工、打包等，并在规定时间内将农产品运输到消费者指定位置的物流活动。企业在制定绿色农产品配送策略时要重点考虑配送中心规划、配送成本等因素，如表19–3所示。

表 19–3　绿色农产品的配送策略

	具体策略
配送中心的选择	绿色农产品消费和目标用户的饮食文化、经济发展水平等存在密切关联，所以，不同地区的绿色农产品销量和品类存在一定的差异。这就需要绿色农产品企业结合各地区的销售情况建立配送中心，以便更加高效、低成本地将绿色农产品送到用户手中。建立智能化的仓配管理系统，是充分发挥配送中心价值的关键。企业可以利用仓配管理系统对各地区的用户数据进行分析，预测未来一段时间的绿色农产品销售情况，将不同种类、不同数量的绿色农产品运送到各个配送中心，当用户下单时可以将产品快速送到用户手中，在提高顾客满意度的同时，还能降低配送成本

续表

	具体策略
对配送成本问题的考虑	配送成本会给农产品成本带来较大影响，所以，绿色农产品企业应该尽可能地控制配送成本。众所周知，配送环节会直接影响用户体验，如果为了控制配送成本，影响了配送时效，可能会给用户体验带来较大的负面影响。从诸多实践案例来看，更为可行的方案是，绿色农产品企业为消费者提供多元化的配送选择，标明每种配送方式需要的时间、价格等，让用户根据需要自行选择

04　推进农产品电商的发展对策

在“互联网+”环境下，发展农产品电商是必然趋势。为了推动农产品电商更好地发展，可以采取三大策略，如图 19–1 所示。

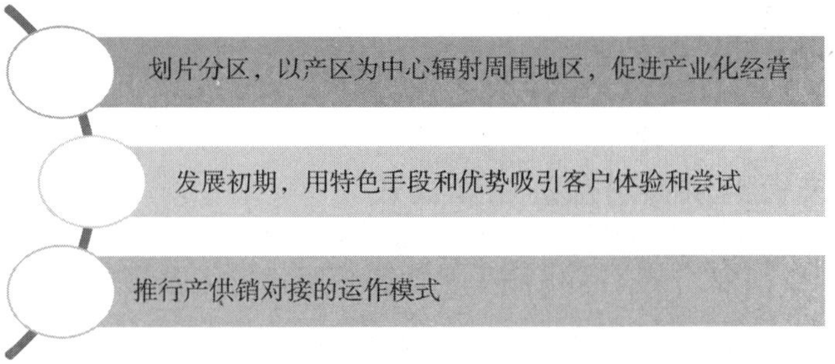

图 19–1　推动农产品电商发展的三大策略

◆划片分区，以产区为中心辐射周围地区，促进产业化经营

要想充分保障农产品质量，减少营养成分流失，应该尽可能缩短与农产品产地的距离。即便最先进的冷链运输模式，也会因为运输路程较长影响产品品质。例如，7 号生活馆借助订单农业、土地流转等方式，

建立了规模庞大的农产品生产基地，利用冷链物流技术，依托农产品生产基地满足周边消费者的购买需求。

我国幅员辽阔、气候多样，拥有三江平原、松嫩平原、华北平原、渭河平原、江汉平原、鄱阳湖平原、洞庭湖平原等多个优质农产品产区，所以，在探索农产品B2C电商模式的过程中，可以依托这些优质农产品产区发展区域农产品电商，将分散在农户手中的土地通过土地流转等方式进行整合，实现规模化生产及产业化经营。

◆发展初期，用特色手段和优势吸引客户体验和尝试

现阶段，农产品电商模式尚未在国内实现大规模推广普及，而且多年的生活经历使很多消费者养成了线下购买农产品的习惯，再加上担心食品安全，部分民众并不愿意线上购买农产品。所以，在消费习惯培养方面，相关企业还需要投入更多的资源与精力，在发展初期，需要用更高的服务品质及优惠的价格引导消费者转变思维模式，更积极地网购农产品。

◆推行产供销对接的运作模式

目前，大部分农产品电商平台普遍采用轻量化运营模式，只为用户提供农产品信息服务，对农产品销售产生了一定的积极影响，但没有让生产、仓储、销售、物流实现无缝对接，无法使农产品B2C电商模式的优势得到充分发挥。

未来，要想提高农产品质量与流通效率，降低流通成本，探索出真正适合我国的农产品B2C电商模式，必须将生产、供应及销售环节无缝对接，强化农产品供应链管理能力，降低成本，为消费者提供更广阔的让利空间。

农产品电商能够充分发挥互联网实时传递信息方面的价值，提高农产品销售效率，促使供需实现平衡。对我国农产品电商来说，由于一二线城市的交通、信息通信网络等基础设施较为完善，更加有利于农产品B2C电商模式快速落地，可以选择一些发展效果好的企业打造为行业标杆，充分发挥其示范作用，让农产品B2C电商模式在全国也得到推广应用。

第20章

平台经济：基于乡村振兴的县域电商

近几年，在国家政策的支持下，我国农村电商快速发展。据不完全统计，2015年至今，我国出台的国家文件中与农村电商相关的文件超过了20份，各地方政府出台的扶持农村电商发展的政策更是不计其数。而模式问题向来是一个行业发展的重中之重，那么，对于我国的农村电商而言，又应该采用何种模式发展呢?

目前，除了阿里巴巴、京东等电商巨头积极布局农村电商市场外，赶街、淘实惠、乐村淘等创业公司也在加快布局。目前，我国农村电商服务网点已经超过了25万个。此外，中国邮政、中国供销集团等国有企业也提出了农村电商发展战略。

不难发现，我国农村电商玩家众多，行业格局十分复杂，由于掌握的资源、发展状况、体制机制等方面的差异，各路玩家在实践过程中会采用不同的发展模式，在此对比较典型的京东、农村淘宝、淘实惠四种模式进行深入分析，为广大创业者及企业提供借鉴。

01　京东：双线发展、渠道下沉

双线发展、渠道下沉是对京东农村电商模式很好的总结。双线发展是基于京东县级服务中心与京东帮服务站开辟农村市场，前者主要采用自营模式，是对原有京东配送站的改造升级，可以提供不包括大家电在内的产品营销、配送及展示服务，并招募、培训京东乡村推广员；后者主要采用加盟合作模式，对京东平台中的大家电产品进行营销、配送及提供售后服务等。

渠道下沉战略主要是为了应对城市电商市场渐趋饱和、引流成本不断上涨的问题，而切入农村电商这一新蓝海。得益于大量自营商品所带来的成本及正品保障优势，京东利用县级服务中心与京东帮服务站使广大农民享受到城市中的优质工业品。

对于农产品上行，京东主要通过众筹、打造区域农特产品购物节等方式进行。例如，京东在海南省文昌市包下超过2000亩荔枝园，通过空运方式在48小时内为用户送货上门，虽然运输成本的提高导致产品价格相对较高，但极高的产品品质同样赢得了大量用户的认可。

和阿里巴巴的农村淘宝模式相比，京东农村电商模式是借助其自营产品及配送网络的支持，在农村市场打造正品保障、高效配送的品牌形象，从而抢占农村市场。京东帮服务站能够为京东整合各地的优质服务商，打造出覆盖广大农村市场的电商生态，为农村用户提供完善的售后服务。

不过京东农村电商模式在农产品上行方面仍存在较大的改善空间，虽然京东通过和地方政府合作举办购物节来帮助各县域销售特色农产品，但面对庞大的农产品销售需求，这无异于杯水车薪。未来，京东应该充分发挥自营集中采购的成本优势，助力农村的优质农产品销往各大城市。

02 阿里巴巴：村淘合伙人运营模式

阿里巴巴在宣布启动千县万村计划后，逐渐探索出了农村淘宝模式，这种模式和早期的遂昌模式十分类似。农村淘宝模式的逻辑在于：阿里巴巴与各地方政府合作，在县域层面打造公共服务中心，在村级层面打造农村淘宝服务站点。

阿里巴巴在县域服务中心中安排专业人员负责对村淘合伙人进行考核、管理区域内的农村淘宝、进行业务拓展等，当地政府提供场地、培训、资金、推广等方面的支持。农村淘宝服务站点提供线上代买及代卖服务，并收发快递，利润来源主要是从每笔成交的订单中抽取提成。此外，村淘合伙人可以在线上销售当地特色农产品。

从本质上看，将淘宝平台推广至农村市场是阿里巴巴农村电商模式的核心。为了布局农村电商，阿里巴巴内部成立了农村淘宝事业部，该部门在国内各个地区和地方政府展开合作，招募并培训村淘合伙人。

农村淘宝的战略目标十分明确，背靠阿里巴巴完善的电商生态，利用具有强大影响力的淘宝及天猫平台促进农村优质农产品及城市工业品在全国范围内高效流通。但在实践过程中，农村淘宝模式遇到了一系列问题。

阿里巴巴的淘宝、天猫两大电商平台在城市深耕多年，已经具有相当完善的生态体系，但想要将其植入农村市场绝非易事，会面临三个方面的问题，如表20-1所示。

表 20-1　阿里巴巴农村淘宝模式面临的三大问题

问题	具体表现
冲击现有农村市场，使农村本地商家陷入生存危机	农村本地商家在资源方面明显处于劣势，淘宝及天猫只需要采用价格战就能将其拖垮，这显然不是地方政府及民众想要的结果
农村现有的线下流通体系被破坏，进一步扩大城乡发展差异	农村现有的线下流通体系在电商平台的影响下被严重破坏，线下交易被转移至线上，本来规模就相对有限的税收及GDP大幅度外流，进一步扩大了城乡发展差异。部分业内人士曾表示，借助电商平台的强烈冲击，能够进一步加快农村产业结构的改造升级，但这种方式未免太过暴力，在转型期内农民的经济收入及生活水平会明显下滑，很容易加剧农村与城市之间的矛盾与冲突
盈利模式不完善，村淘合伙人很难生存	县域公共服务中心与村淘合伙人很难在短期内建立完善的农产品流通渠道，在部分落后、闭塞的农村，村淘合伙人通过抽取订单佣金获利的模式很难维持生存。部分村淘合伙人在社交媒体平台分享的内容，也证明了农村淘宝发展状况远没有外界想象中的美好

虽然阿里巴巴的农村淘宝模式存在一系列问题，但阿里巴巴在农村地区进行的电商基础设施建设、开展的营销推广，对我国农村电商的发展产生了强大的推力，为创业者及企业切入农村电商市场打下了坚实的基础。

03　淘实惠：打造综合电商生态

淘实惠模式的逻辑是将每一个县域打造成电商服务中心，整合县域内的人才、数据等资源打造县域内部的自循环生态系统，然后通过外部生态将各个县域生态系统连接起来，创建一个覆盖全国的综合生态系统。

各县域的淘实惠公司和淘实惠总部是战略合作伙伴，前者利用总部提供的信息系统及平台资源拓展当地市场，开辟村级网点，并对相关人员进行培训，各个公司保持独立经营；后者主要是对信息系统进行开发、进行业务指导、招募并培训县域合伙人，并为各县域淘实惠公司提供信息服务。

淘实惠会在各个县域打造本地化的电商平台，基于当地农产品流通体系构建电商生态系统，推动当地产业结构转型升级，对县域内部的需求及供给进行对接。不难发现，淘实惠模式的县域电商生态系统采用去中心化的方式高效配置县域内的资源，县域合伙人在各自区域内拥有极高的决策权，自主管理仓储物流基础设施建设、村级网点拓展等。

淘实惠生态系统是由多个自主决策的自我协作体构成的，从实际发展情况看，这些自我协作体主要是县域内的传统商贸流通企业，它们在多年的发展过程中积累了丰富的经验与足够的资源，并不像村淘合伙人一样对平台有较大的依赖。除了将相关数据在淘实惠总部进行整合外，各县域的淘实惠公司之间并没有一个统一的控制中心，它们在各自区域内自主管理及运营。

淘实惠以战略合作的方式，通过招募县域合作伙伴使全国各个县域所拥有的信息、商品、资金等资源实现高效流通，并利用淘实惠平台覆盖全国的电商生态系统，将各县域内的优质特色农产品销往各大城市。更关键的是，各个县域的电商系统可以通过淘实惠总部无缝对接，最终形成一个覆盖全国的流通市场。

作为一家农村电商领域的创业公司，淘实惠目前的业务结构正处于不断完善阶段。从淘实惠官方公布的数据看，其电商生态系统的县域内部交易规模占比为60%，各县域之间的交易规模占比为30%，总部与县域之间的交易规模占比为10%。

淘实惠模式具有明显的本地化特征，它借助位于全国各个县域的淘实惠公司为当地民众提供优质的电商服务，促进当地产业结构转型升级，有效提高了资源利用率及流通效率，无论是优秀人才，还是GDP都留在了各个县域。当然，由于淘实惠总部赋予了各县域淘实惠公司较大的自主经营权，也给电商生态系统内部的协调配合与利益分配带来了较大的挑战。

04　重庆市秀山县的农业电商实践

重庆市秀山土家族苗族自治县（以下简称“秀山县”）成立于1983年，地处渝、湘、黔、鄂四省交界地带，武陵山区腹地，总面积2462平方公里，覆盖了3个街道、24个乡镇，总人口66万，拥有苗族、土家族等17个少数民族，少数民族在总人口中的比重为51.8%。近几年，在秀山县政府的带领下，当地经济快速发展，于2017年11月由省级政府批准退出贫困县。

秀山县积极探索“互联网+”模式，大力发展农村电商，为提高农民收入水平、促进当地经济发展提供了广阔的机遇。在农村电商助力下，当地的优质茶叶、土鸡、白术、金银花等农特产品销往全国各地，在为农户创收的同时，也有效提高了秀山县的知名度与影响力。作为国内农村电商探索实践的典型代表，秀山县通过打造完善的电商平台体系及电商服务体系，有效提高了生产要素的配置水平，享受到了农村电商发展的巨大红利。

◆电商平台体系：线上线下融合扎牢脱贫致富根基

秀山县的电商平台体系包括三大模块，如图20–1所示。

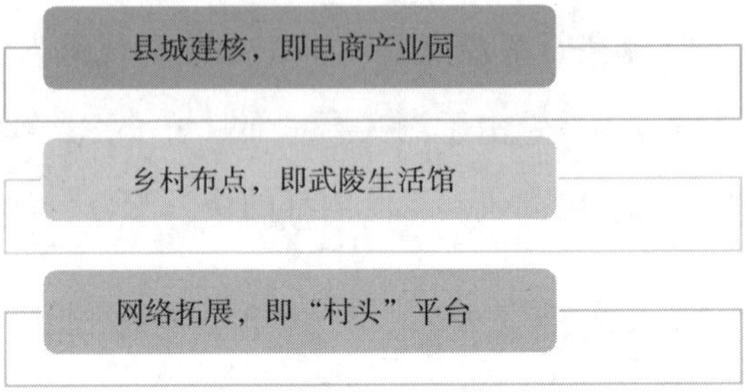

图20–1　秀山县的电商平台体系

为了打造独具特色的农村电商，当地政府遵循“县城建核、乡村布点、网络拓展”的发展理念，夯实交通、网络等产业基础，建立具有集聚孵化、引领示范、教育培训等功能的电商产业园，打造出了覆盖各农村的武陵生活馆，自主开发了农村电商平台“村头”，为农产品上行提供了绝佳通道。

（1）县城建核，即电商产业园。在建设电商产业园的过程中，秀山县政府结合当地实际发展情况，采用了“园中园”的发展思路，依托功能完善的物流园区，制定了“一园一馆六中心”的建设方案。电商孵化园办公区总面积达1万平方米，入驻了180家各类电商企业，网店超过520个。秀山县电商园区官方公布的数据显示，2020年，秀山全县电子商务交易额达到了165亿元。

武陵山农村淘宝特色馆提供十大类超过2600种农特产品，充分确保了入驻园区的企业供应链的稳定性，也是入园企业的集采集供中心，还建立了农村淘宝秀山服务中心、物流园区党群服务中心、农产品检测检疫中心、电商分发中心、电商加工中心及电商仓储中心，为创业者及企业提供优质服务。

园区内7万平方米的电商仓储中心，能够满足常温、低温仓储等仓储需求。此外还有81家物流公司为园区电商企业提供配送服务，同时园区内的各类农产品加工线也在不断完善。

（2）乡村布点，即武陵生活馆。秀山县对完善农村电商功能予以高度重视，在县内建立了233家武陵生活馆乡村服务店，打造了遍布县域的电商物流网络。每个武陵生活馆乡村服务店面积在20平方米左右，提供网络代购、特产收购、快递收发、政务服务、金融服务、乡村便利店服务等多种服务。

乡村服务店店长同时扮演着代购员、农产品经济人、快递员、政务员、售票员、金融业务员、便民服务员及超市店长等多重角色，颠覆了传统的农产品消费环境及交易方式，提高了当地民众的生活质量。

（3）网络拓展，即“村头”平台。为了解决各类“三农”问题，秀山县在积极运用淘宝、天猫、京东等第三方电商平台的同时，还自建电商平台“村头商城”，引入物联网、传感器、大数据等先进技术与设备，为电商物流追踪、农产品溯源提供强有力的支撑，在打通农产品上行通道的同时，也积极推进工业品下乡，发展民宿旅游等新兴业态，提供众筹、扶贫等多元化服务，挖掘更多新的利润增长点。

村头商城运营团队推行“有山有水有土货，一村一景一品牌”的营销策略，通过视频直销等营销手段，以村为单位对当地农产品及民宿旅游进行营销推广。与此同时，村头商城举办了以“寻找最有调调的新乡绅”为主题的招商活动，积极与营销服务商、科技信息企业合作，在全国范围内招募了33个加盟县域、700个村级加盟店。

◆电商服务体系

（1）全方位一体化扶持。为了提高电商企业的经营水平与盈利能力，秀山县通过整合内部及外部的优质资源进行抱团营销，并对服务方式进行创新，打造出了相对完善的电商服务体系，为电商企业生产、营销、仓储、配送、融资、业务开发等提供全方位支持。

秀山县成立了以县委书记为组长的电商产业发展领导小组，专门负责为当地电商产业制定发展战略，每年投入超过2000万元的专项资金，用于电商培训、技术研发、业务拓展、品牌建设等。

秀山县电子商务办公室每周举办一次以解决电商产业发展过程中遇到的各种问题为目的的专题会议。此外，秀山县电商产业园区开发了武陵生活馆产业贷项目，为电商物流产业发展设立基金，优化审批流程，大幅度降低了当地民众及电商企业的融资门槛。目前，当地农户最高可获得100万元的电商产业贷款，而入驻园区的企业最高可获得300万元的贷款。

（2）一体化服务。在秀山电商产业园、武陵山农特色生活馆，以及电商分发中心、仓储中心等六大中心的支持下，入驻园区企业可以获得办公、仓储、快递、金融、法律咨询、行政代办等一体化服务。为了扶持入园企业发展壮大，园区还推出了日订单超过200单的企业享受免配租费、全国首重3元包邮等优惠政策。

现阶段，园区内的1万平方米办公区域招商工作全部完成，集聚效益凸显。园区通过流程式孵化、龙头带动等方式，培养了3000多名电商创业者，孵化出了盾煌、丁丁、巴谷鲜、大嘴蛙等食品电商企业，在西南地区食品电商企业中形成了较强的领先优势。

（3）专业电商服务。秀山县积极拥抱“互联网+”模式，通过电商产业园帮助当地的上百家生产企业及众多批发零售商户拓展电商业务，组建了武陵山网商协会、武陵山物流协会等行业协会，为农户及企业提供有效指导，鼓励当地农特产品“走出去”，打造出了秀山秦橙、胖柑、白皮柚、土鸡蛋、猕猴桃等多个热销爆款。

与此同时，秀山县还多次举办武陵山电子商务看样订货会，助力当地农特产品营销推广，为产品开发、抱团促销、品牌运营等提供有力支持，为周边县区农村电商发展起到了良好的示范作用，苗绣、龙凤花烛、西兰卡普等手工艺品也得到了广泛传播。

（4）促进融合发展。随着秀山县农村电商产业不断发展，创造了美工、客服、搬运工、打包员、仓管员、网店店长、生活馆馆主等一系列就业岗位，解决了上万贫困人口的就业问题。

未来，秀山县将借助村头平台在全国实现大规模推广，进一步完善村头加盟体系，吸引更多的县域及企业加盟合作，在多方的共同努力下整合更多优质资源，打破农产品上行及工业品下乡的诸多壁垒，充分释放农村电商模式的巨大价值，造富全国亿万民众。

参考文献

[1] 习近平. 在第七十五届联合国大会一般性辩论上的讲话[N]. 人民日报，2020-09-23.

[2] 温家宝. 凝聚共识　加强合作　推进应对气候变化历史进程——在哥本哈根气候变化会议领导人会议上的讲话[N]. 人民日报，2009-12-19.

[3] 张友国. 碳强度与总量约束的绩效比较——基于CGE模型的分析[J]. 世界经济，2013（7）.

[4] 习近平. 携手构建合作共赢、公平合理的气候变化治理机制——在气候变化巴黎大会开幕式上的讲话[N]. 人民日报，2015-12-01.

[5] 习近平. 继往开来，开启全球应对气候变化新征程——在气候雄心峰会上的讲话[N]. 人民日报，2020-12-13.

[6] 曾凡银. 中国节能减排政策：理论框架与实践分析[J]. 财贸经济，2010（7）.

[7] 丁丁，杨秀. 我国低碳发展试点工作进展分析及政策建议[J]. 经济研究参考，2013（43）.

[8] 曹颖. 加快近零碳排放区示范工程建设[N]. 经济日报，2020-02-22.

[9] 辛升. 节能技术评价指标体系研究与应用[J]. 中国能源，2020（5）.

[10] 宋晨希，王侃，董巨威. 加强重点用能单位节能管理能力的分析研究[J]. 中国能源，2020（10）.

[11] 高虎. 2019年我国非化石能源发展形势分析及未来发展展望[J]. 中国能源，2020（3）.

[12] 张友国，窦若愚，白羽洁. 中国绿色低碳循环发展经济体系建设水平测度[J]. 数量经济技术经济研究，2020（8）.

[13] 中国生态环境部. 中国应对气候变化的政策与行动2019年度报告[R]. 2019.

[14] 吴滨，朱光. 我国节能技术创新体系现状研究[J]. 中国能源，2019（3）.

[15] 公丕芹. 创新驱动迈入节能新时代——粤苏沪节能政策、机制与技术发展调研[J]. 中国经贸导刊，2018（33）.

[16] 王芳. 风电技术，我们要向欧洲学习什么[J]. 风能，2020（9）.

[17] 黄健柏，孙芳，宋益. 清洁能源技术关键金属供应风险评估[J]. 资源科学，2020（8）.

[18] 张友国. 加快推进产业体系绿色现代化：模式与途径[J]. 企业经济，2021（1）.

[19] 林伯强. 2060年中国“碳中和”目标的路径、机遇与挑战[EB/OL].（2020-11-18）[2020-12-01].

[20] 王灿，张雅欣. 碳中和愿景的实现路径与政策体系[J]. 中国环境管理，2020，12（6）：58-64.

[21] 付琳，曹颖，郭豪，等. “十二五”以来中国低碳发展进展及政策评估[J]. 中国环境管理，2021，13（1）：16-24.

[22] 郭芳，王灿，张诗卉. 中国城市碳达峰趋势的聚类分析[J]. 中国环

境管理，2021，13（1）：40–48.
[23] 郭扬，吕一铮，严坤，等. 中国工业园区低碳发展路径研究[J]. 中国环境管理，2021，13（1）：49–58.
[24] 张贤，郭偲悦，孔慧，等. 碳中和愿景的科技需求与技术路径[J]. 中国环境管理，2021，13（1）：65–70.
[25] 李晋，蔡闻佳，王灿，等. 碳中和愿景下中国电力部门的生物质能源技术部署战略研究[J]. 中国环境管理，2021，13（1）：59–64.
[26] 陶忠维. 实现碳中和需要银行投融资服务配套[J]. 中国环境管理，2021，13（1）：173–174.
[27] 张跃军，刘景月. 我国碳交易制度巩固脱贫攻坚成果的问题及对策[J]. 中国环境管理，2021，13（1）：35–39.
[28] 董战峰，周佳，毕粉粉，等. 应对气候变化与生态环境保护协同政策研究[J]. 中国环境管理，2021，13（1）：25–34.
[29] 胡鞍钢. 中国实现2030年前碳达峰目标及主要途径[J]. 北京工业大学学报（社会科学版），2021（2）：1–15.
[30] 朱震锋. 新形势下推动碳达峰、碳中和的根本遵循与行动路径[J]. 奋斗，2021（1）：39–42.
[31] 江刚. 英国计划到2010年削减温室气体排放21%以上[J]. 中国环境科学，2000（5）.
[32] 李荷君. 核电帮助美国减少温室气体排放[J]. 国外核新闻，2000（1）.
[33] 江年. 欧洲联盟温室气体排放总体呈下降趋势[J]. 中国环境科学，2001（5）.
[34] 王灿. 从能源消费的角度探讨控制温室气体排放的途径[J]. 中国能源，2001（4）.

[35] 未名. 美参议院议案拟减少温室气体排放[J]. 环境污染与防治，2003（4）.

[36] 欧盟实现稳定温室气体排放目标[J]. 中国人口・资源与环境，2003（2）.

[37] 中国将出台一系列措施减缓温室气体排放[J]. 油气田环境保护，2007（3）.

[38] 孙敬水，陈稚蕊，李志坚. 中国发展低碳经济的影响因素研究[J]. 审计与经济研究，2011（4）：85-93.

[39] 郑博福，邓红兵，严岩，等. 我国未来能源消费及其对环境的影响分析[J]. 环境科学，2005，26（3）：1-6.

[40] 郭基伟，李琼慧，周原冰. 2009年美国清洁能源与安全法案[J]. 能源技术经济，2010，22（1）：11-14.

[41] 魏一鸣，流兰翠，范英，等. 中国能源报告：碳排放研究[M]. 北京：科学出版社，2008.

[42] 张世坤，许晓光. 我国当前的能源问题及未来能源发展战略[J]. 能源研究与信息，2004，20（4）：211-219.

[43] 姚飞，赵中华，俞珠峰. 中国清洁能源现状分析[J]. 集团经济研究，2007（1）.

[44] 邱罡，龚炯. 中国清洁能源经济的快速发展报告[R]. 北京：三星经济研究院，2010.

[45] 付丽苹. 我国发展清洁能源的驱动机制研究[J]. 生态经济，2012（2）：76-79.

[46] 吴疆. 清洁能源发展的基本动因与主要方向[J]. 中国能源，2010，32（6）：14-17.

［47］陈兴华．浅议我国可再生能源产业投资制度及其完善[J]．环境保护，2006（9）．
［48］冯飞，石耀东．加快能源管理体制改革　建立现代监管制度[R]．北京：中国可持续能源项目第八次高级政策顾问委员会会议，2005.
［49］张煜州．低碳经济发展的科技创新研究[J]．科技风，2018（4）：9–10.
［50］赵红．低碳经济背景下建筑新材料产业的发展与挑战[J]．价值工程，2017（24）：3–4.
［51］吴高锋．浅析发展低碳经济开发建筑节能环保新技术[J]．中国科技纵横，2017（12）：12–13.
［52］王铁宏，马骏驰．对低碳建筑的研究[J]．建设科技，2011（6）：13–15.
［53］崔兆辉．新型绿色节能技术在建筑工程施工中的应用[J]．江西建材，2015（2）．
［54］谢臻．基于绿色交通理念的城市交通规划方法研究[J]．低碳世界，2019（2）．
［55］苑文萍，蒲丹丹，陈琳．基于绿色交通理念的城市交通规划方法探讨[J]．绿色环保建材，2018（12）．
［56］曾鹏．基于绿色交通的城市交通规划方法探讨[J]．城市地理，2015（16）．
［57］李雪．基于绿色交通的城市交通规划研究的思考[J]．好家长，2018（97）．
［58］宋新生．城市绿色交通规划：建设“和谐交通”社会的必由之路[J]．交通标准化，2006（6）．

[59] 刘宇. 分析新时期如何有效开展城市交通规划工作[J]. 城市建设理论研究（电子版），2018（17）.

[60] 周涛，张建嵩，戴许昊. 大数据环境下的城市交通规划与管理——中国城市交通发展论坛第十二次研讨会讨论精选[J]. 城市交通，2016（6）.

[61] 刘君，刘尚俊. 绿色低碳理念下现代城市交通规划措施分析[J]. 生态经济，2017（2）.

[62] 魏翊. 基于可持续发展下的中小城市交通规划[J]. 民营科技，2017（1）.

[63] 鲍莉芳. 可持续发展下城市交通规划发展[J]. 科技创新与应用，2017（14）.

[64] 李芳. 中国新能源产业发展存在的问题与对策探析[J]. 中国市场，2019（7）：51，67.

[65] 陈子瑜. 中国新能源产业发展的战略思考[J]. 科技创新与应用，2017（6）：30.

[66] 魏锁焕. 我国新能源产业面临的挑战及应对策略[J]. 开放导报，2018（8）：85–89.

[67] 杨国渊. 中国新能源产业发展存在的问题与对策研究[J]. 中国战略新兴产业，2018（11）：1–2.

[68] 项目综合报告编写组.《中国长期低碳发展战略与转型路径研究》综合报告[J]. 中国人口·资源与环境，2020，30（11）：1–25.

[69] 李剑，佘源琦，高阳，等. 中国天然气产业发展形势与前景[J]. 天然气工业，2020，40（4）.

[70] 徐静馨，朱法华，王圣，等. 超低排放燃煤电厂和燃气电厂综合

对比[J]. 中国电力，2020，53（2）：164–172.

［71］刘志坦，舒喜，杨爱勇，等. 固定式燃气轮机大气污染物排放标准限值的选择[J]. 中国电力，2020，53（8）：117–124.

［72］国家电力监管委员会. 电力工程项目建设用地指标[M]. 北京：中国电力出版社，2010.

［73］电力规划设计总院. 火电工程限额设计参考造价指标[M]. 北京：中国电力出版社，2019.

［74］常规燃煤发电机组单位产品能源消耗限额 [S]. 北京：中国国家标准化管理委员会，2017.

［75］王志轩，潘荔，刘志强，等. 中国煤电清洁发展现状及展望[J]. 电力科技与环保，2018，34（1）：1–8.

［76］闫海波，李海波，蒋韬. 电力体制改革下天然气发电产业的挑战与机遇[J]. 燃气轮机技术，2019，32（3）：5–9.

［77］陆家亮，赵素平，孙玉平，等. 中国天然气产量峰值研究及建议[J]. 天然气工业，2018，38（1）：1–9.

［78］樊慧，段天宇，朱博骐，等. 燃气电厂与超低排放燃煤电厂环境及生态效应对比[J]. 天然气工业，2020，40（7）：146–153.

［79］武魏楠. 聚焦碳中和：电力系统灵活性或成低碳转型的关键点[EB/OL].（2020–10–22）[2020–10–29]. https：//www. in–en. com/article/html/energy–2296912. shtml.

［80］BP. BP energy outlook：2020 edition [R]. London：BP，2020.